à mercredi Mamie !

Illustrations et conception graphique : Béatrice Canard-Patrat
Maquette : Studio Mango

© 2005, Éditions Mango, Paris (France)
Tous droits de traduction, de reproduction et d'adaptation
strictement réservés pour tous pays.

ISBN : 2-84270-518-1

www.editions-mango.com

Malou Schlosser

à mercredi Mamie

Ce livre est la propriété de la Bibliothèque
Municipale Françoise-Bédard.
Il doit être retourné à votre Bibliothèque
Municipale conformément au règlement qui
y est en vigueur.

MANGO

« Maman, je compte sur toi ! »	6

Les comptines — 15
Les comptines pour désigner	16
Les comptines pour apprendre	18
Les comptines pour jouer avec les doigts et les mains	20
Les comptines pour le rythme	22
Pour s'endormir…	24

Les jeux — 27
Les jeux de plein air	**28**
Cogitons	28
Cherchons	31
Gigotons	32
Fabriquons	36
Les jeux d'intérieur	**38**
Cogitons	38
Cogitons en voiture	50
Gigotons	53
Bricolons	64
Expérimentons	74
Jouons à faire comme les grands	82
Dessinons	84
Abracadabrons	85
Muséons	86

Les recettes — 89
Les recettes salées	92
Les recettes sucrées	98

La nature — 107

Les animaux — 108

- Un drôle de Légo : les vertèbres — 110
- Mon chien est un mammifère ! — 114
- Les oiseaux, des vertébrés à plumes — 120
- Mamie, j'ai gagné un poisson rouge ! — 126
- Qui traîne son ventre par terre ? — 130
- C'est la fête à la grenouille — 136
- Des petites maisons pour les mollusques — 142
- L'oursin et sa cousine, l'étoile de mer — 148
- Les mangeurs de terre — 150
- De la vie sous les carapaces — 152
- Le monde fascinant des insectes — 154
- L'araignée fait bande à part — 164

Les végétaux — 166

- La fleur, reine du monde végétal — 168
- La grande aventure de la graine — 172
- Les racines nourricières — 176
- La tige, artère vitale — 180
- La feuille, une carte d'identité — 186

« Maman, je compte sur toi »

L'idée d'écrire ce petit guide m'est venue bien après que ma fille m'a dit, un jour : « Maman, à la rentrée, je compte sur toi. » J'ai pensé à vous tous, grands-mères et grands-pères, qui êtes capables de sauter, toutes affaires cessantes, dans votre voiture pour voler au secours de vos enfants, que vous n'avez pas tellement eu le temps de voir grandir et qui, tout à coup, vous plongent dans un rôle sympathique, certes, mais qui vous laisse un peu perplexes. Ce rôle de mamie et de papi dont vous rêviez, que vous avez attendu, dont vous êtes bien décidés à profiter au maximum et pour lequel vous êtes prêts à tous les sacrifices. Enfin… presque.

Quand le chérubin était petit, vous alliez le voir chez lui, ou l'on venait vous le déposer avec couches, biberons et… tout un mode d'emploi que vous étiez censés ignorer. Les moments bénis se limitaient à quelques jeux à quatre pattes sur le tapis, à l'heure du bain ou à la promenade.
Mais le voilà devenu grand, il va à l'école ! Le mercredi, votre fille ou votre belle-fille ne peut pas se libérer et, à la rentrée, c'est à vous qu'elle va le confier du mardi soir au mercredi soir.

Vous voilà tout heureux ! Cette rentrée, vous l'avez bien préparée, vous vous êtes libérés de vos obligations et vous voilà disponibles... Qui d'entre nous n'a pas rêvé d'être la mamie ou le papi que le petit réclame, avec qui il veut rester, avec qui il se sent bien ?
Seulement voilà, cet enfant, jusqu'à présent, vous n'aviez passé que quelques heures avec lui. Jouer à quatre pattes sur le tapis en poussant des petites voitures, cela va un temps, mais ne vous amuse pas plus que lui. Finalement, vous trouvez un terrain d'entente. Vous l'installez devant la télévision, tout en ayant mauvaise conscience.

fois de plus, dans un désenchantement réciproque.
Vous commencez à vous poser des questions : ce n'était que cela, la joie d'être grand-mère ou grand-père ? Alors, vous avez beau essayer de garder le calme, une légère angoisse vous envahit.

J'ai donc décidé qu'il fallait que ça change. J'avais gardé un trop bon souvenir de ma grand-mère. En quoi différais-je d'elle ? Est-ce que les enfants étaient tellement différents maintenant ou était-ce moi qui ne savais pas m'y prendre ?

La rencontre se termine en impasse, vous êtes frustré, avec la sensation d'avoir failli à votre rôle.
La semaine suivante, cela ne se passera pas comme ça ! Vous allez prévoir une grande sortie, vous l'emmènerez au parc. Un, deux, cinq, dix tours de manège... Cette fois, il sera content d'être avec vous. Et cela a l'air de marcher. Là où cela se gâte, c'est quand les tours de manège sont épuisés ; vous avez droit à une moue, voire carrément à des larmes. Pour le calmer, vous lui promettez quoi ? Une glace ? Une barbe à papa ? Une fessée ? À vrai dire, aucune solution n'est satisfaisante et l'après-midi se passe, une

J'ai essayé de me souvenir du temps que je passais avec ma grand-mère. Tout à coup, tout devenait clair. Elle était toujours disponible pour moi, savait bien raconter des histoires, avait toujours quelque chose à me faire découvrir, savait tirer parti de tout ce que l'on rencontrait. Mais ce dont je ne me rendais pas compte à l'époque, c'est que, quand elle m'avait montré quelque chose, elle savait s'effacer et c'est moi, avec mes yeux « tout neufs », comme elle disait, qui découvrais plein de choses. Nos promenades devenaient des explorations et, cela, je l'avais un peu oublié. À la maison, c'était pareil. Je trouvais toujours une petite place à côté d'elle où je me sentais utile. J'étais très fière de l'aider, et aussi de lui montrer que j'avais bien retenu ce qu'elle m'avait appris.

Autre leçon que j'ai retenue de ma grand-mère : elle était très juste. Jamais elle ne me refusait ses félicitations quand elles étaient méritées. Elle me louait même devant ses amis quand elle estimait que j'avais fait quelque chose de bien. Grâce à elle, très jeune, j'ai eu la certitude d'exister et d'être capable de faire des choses. Elle a su aussi me montrer que la vie était faite d'apprentissages et d'observations ; que, pour faire quelque chose, il fallait l'avoir compris ; que, pour cela, on n'avait pas à avoir honte de demander encore et toujours des explications. Avec elle, je passais des moments merveilleux. Ne pas la voir une semaine était pour moi une vraie punition.

C'est en pensant à ma grand-mère que j'ai retrouvé le contact avec mon premier petit-fils, puis avec mes autres petits-enfants. Et même avec tous les enfants, jeunes et moins jeunes. Je suis maintenant une grand-mère comblée et j'attends impatiemment les jours où je vois l'un ou l'autre d'entre eux. Nous avons toujours quelque chose à découvrir ensemble et, suprême récompense, quand vient l'heure de se quitter, ils ne manquent jamais de faire des projets « pour la prochaine fois qu'on va se voir ». C'est cet itinéraire de grand-mère comblée que je voudrais retracer ici.
J'aimerais que vous trouviez les mêmes satisfactions que moi. Vous verrez, c'est facile. Il suffit d'une véritable envie de passer un moment exceptionnel avec vos petits-enfants.

Je voudrais tout d'abord vous donner quelques conseils que je juge précieux.

Quand vous avez passé un après-midi ou une journée avec votre petit-enfant, dites-lui combien vous avez été heureux de sa présence, combien il était gentil ou combien il vous a aidé. Il appréciera beaucoup.

Prenez aussi l'habitude, tant qu'il est petit, d'avoir avec lui une complicité de gestes. Par exemple, inventez un bisou spécial pour lui, au lieu de la bise classique, et réservez-lui ce bisou.

Si vous allez le coucher ou s'il s'en va, faites-lui une bise dans la paume de la main, repliez ses doigts, dites-lui qu'il la garde précieusement et que, quand il aura envie d'un bisou supplémentaire, il n'aura qu'à appliquer sa main contre sa joue.

Un jour de pluie, pourquoi ne pas faire avec lui un album photo en commençant par lui bébé, puis un peu plus grand. Et, à chaque fois, essayez de trouver un commentaire à propos de la photo ou de ce qu'il a fait de mémorable ce jour-là.

N'oubliez jamais, lorsque vous partez en voyage, d'envoyer une carte postale ou une petite lettre qui lui sera spécialement adressée. Il adore recevoir du courrier.

Si vous êtes avec des amis et que l'enfant joue dans les parages, parlez de lui en bien. Même si vous croyez qu'il ne prête aucune attention à votre conversation, croyez-moi, il a toujours une oreille qui traîne et vous vous en rendrez compte à sa mine réjouie.

Faites des choses qui sortent de l'ordinaire en sa compagnie.

Une nuit d'été, prenez une couverture et allez vous allonger dehors. Surveillez bien le ciel et faites-lui faire des vœux quand il aura vu une étoile filante.

Emmenez-le marcher dans la neige fraîche ; marquez vos pas là où personne n'a encore marché.

S'il y a une chaude pluie d'été, pourquoi ne pas l'emmener faire une promenade ? Prévoyez quand même un change pour le retour !

Si vous habitez Paris, Lille, Marseille, Lyon, Toulouse… emmenez-le comme « poisson-pilote » dans le métro. C'est lui qui devra vous indiquer le chemin, lire les panneaux et vous amener à bon port. Ce sont quelques idées que je vous suggère ; vous en trouverez certainement d'autres.

Plus encore que les adultes, nos petits ont besoin de compliments et de la reconnaissance des autres. Si l'enfant fait quelque chose de bien, il faut le féliciter. Mais il est aussi important de toujours apprécier ses possibilités et de lui laisser le droit à l'échec, surtout s'il apparaît qu'il est trop jeune pour bien faire telle ou telle chose. Il faut savoir l'encourager s'il a fait des efforts, même si le résultat n'est pas parfait.

En revanche, n'ayez pas peur de dire à l'enfant quand quelque chose ne va pas. N'oubliez pas qu'il apprend à force d'essais et d'erreurs successifs. Il est arrivé qu'un de mes petits-enfants me parle d'une manière inconvenante, dans le style : « Ça va pas, la tête ! » ou « Tu es idiote ! » Tout de suite, je l'ai repris : « Ne me parle plus jamais comme ça », et, quelques instants après : « Tu as bien compris ? » En général, cela suffit. Surtout, il ne faut pas en rire, car le rire encourage la récidive et si, plus tard, l'adulte, en ayant assez de se faire traiter en copain, veut faire preuve d'autorité, cela ne marche plus.
Une dernière chose. Il m'est arrivé de ne pas savoir répondre à une question d'un de mes petits-enfants. Nous nous sommes alors plongés dans des livres pour trouver la solution. C'est une manière d'intéresser l'enfant à la lecture et de lui donner le réflexe d'aller chercher dans les livres les réponses à ses questions.

*L*es activités décrites dans ce livre ont été conçues pour des enfants entre 3 et 11 ans, c'est-à-dire école maternelle et primaire. Mais un enfant de 3 ans n'a pas les mêmes centres d'intérêt ni les mêmes aptitudes qu'un enfant de 11 ans, me direz-vous. C'est vrai. Voici donc quelques précisions.

• **La première partie de ce livre** est un recueil de quelques comptines, certaines connues et d'autres moins. Bien sûr, elles s'adressent aux plus petits, jusqu'à 6 ans.

• **La deuxième partie** est consacrée aux jeux, tant à l'intérieur qu'à l'extérieur. Comment occuper un enfant pendant les trajets en voiture, un jour de pluie à la maison ou dehors, quand son intérêt commence à se relâcher. Vous allez pouvoir jouer, expérimenter, fabriquer, faire des tours de magie… Pour tous les jeux, je vous précise à chaque fois à partir de quel âge ils sont adaptés.

• **La troisième partie** regroupe quelques recettes, salées et sucrées, pour éveiller la gourmandise de votre petit-fils ou de votre petite-fille en lui apprenant à confectionner avec vous quelques plats simples, dès l'âge de 4 ans. Il commencera tout simplement, puis, avec l'habitude, il fera de plus en plus de choses. Et, un jour, à 8 ans, il vous fera tout seul une recette. Quelle fierté !

• Pour terminer, **la quatrième partie** est consacrée à l'exploration du monde animal et végétal. Tous les enfants aiment observer les animaux, connaître leur vie, c'est un peu comme un livre d'images vivant. Les explications que je vous propose correspondent à ce qu'un enfant de 3 ans 1/2, 4 ans peut comprendre. Si, si, je vous l'assure ! Je les ai « testées » sur mes petits-enfants. Apprenez à l'enfant à observer, à écouter. Mais, je vous le rappellerai souvent au fil de ces pages, vous n'êtes pas à l'école ; il n'y a pas d'autre programme que le plaisir de découvrir des choses ensemble, de satisfaire et stimuler sa curiosité.

Je crois que vous allez beaucoup vous amuser à transmettre vos connaissances et votre savoir-faire. N'oubliez pas que, de tous temps, ce sont les ancêtres qui transmettaient le savoir. Pourquoi serions-nous différents ?

Et maintenant, en avant pour la grande aventure !

Les comptines

Pour amuser les tout-petits (jusqu'à 6 ans) et leur donner le goût des mots, voici quelques comptines. Cela fait bien longtemps que vous ne les aviez pas entendues… Vos enfants étaient encore petits… Quel bonheur de les transmettre aujourd'hui à vos petits-enfants et de les entendre dans leur bouche !

Pique, pique,

Pique, pique, la bourrique.
Compte bien s'il y en a huit :
Un, deux, trois, quatre,
Cinq, six, sept, huit,
Mademoiselle, retirez-vous.

Pêche, pomme, poire, abricot

Y en a une, y en a une,
Pêche, pomme, poire, abricot,
Y en a une de trop,
Qui s'appelle Marie-Margot.

Les comptines pour désigner

Lorsqu'on doit désigner quelqu'un pour savoir qui sera le chat, ou pour tout autre chose. Les participants se mettent en cercle. On désigne un meneur. Tout en récitant la comptine, à chaque syllabe, le meneur désigne une personne différente, en tournant dans le sens des aiguilles d'une montre. À la fin de la comptine, on sait qui est éliminé. On recommence jusqu'à ce qu'il n'y en ait plus qu'un. C'est celui-là qui sera le chat.

Am stram gram,

Pique et pique et colégram,
Bourre et bourre,
Et ratatam.
Am stram gram.
Pique dame !

Bonjour, madame,

Quelle heure est-il ?
Il est midi.
Qu'est-ce qui l'a dit ?
La p'tite souris.
Où donc est-elle ?
Dans la chapelle.
Qu'est-ce qu'elle y fait ?
De la dentelle.
Pour qui ?
Pour les dames de Paris
Qui portent des souliers gris.
Pin pon d'or,
La plus belle, la plus belle,
Pin pon d'or,
La plus belle est en dehors.

Pimpanicaille,

Le roi des papillons,
En se faisant la barbe,
Se coupa le menton.
Une deux trois de bois,
Quatre cinq six de buis,
Sept huit neuf de bœuf,
Dix onze douze de bouse,
Va-t-en à Toulouse.

Puce et ratapuce,

C'est toi qui as des puces.
Si le roi venait,
Tu en serais.
Mais comme il ne vient pas,
Tu n'en seras pas.

Un petit cochon

Pendu au plafond,
Tirez-lui la queue,
Il pondra des œufs,
Tirez-lui plus fort,
Il pondra de l'or.
Combien en voulez-vous ?
La personne désignée donne un chiffre compris entre 1 et 9, le meneur compte ensuite le chiffre indiqué en désignant une nouvelle personne à chaque chiffre, puis il poursuit la comptine :
Mais comme la reine et le roi
Ne le veulent pas,
Ça ne sera pas toi.

Une pomme verte,

Une pomme rouge,
Une pomme d'or,
C'est toi qui es dehors.

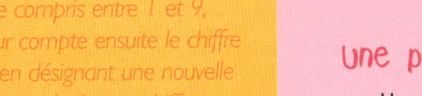

Do, ré, mi,
la perdrix,
Mi, fa, sol,
Elle s'envole,
Fa, mi, ré,
Dans le pré,
Mi, ré, do,
Tombe dans l'eau.

Un deux trois,
Nous irons au bois.
Quatre cinq six,
Cueillir des cerises.
Sept huit neuf,
Dans mon panier neuf.
Dix onze douze,
Elles seront toutes rouges.

Les comptines pour apprendre

Les comptines, c'est parfait aussi pour apprendre en s'amusant : les chiffres, les notes de musique, les couleurs, les jours de la semaine, les parties du corps...

Quand je mets
mon chapeau gris,
C'est pour aller sous la pluie
Quand je mets mon chapeau vert,
C'est que je suis en colère.
Quand je mets mon chapeau bleu,
C'est que ça va déjà mieux.
Quand je mets mon chapeau blanc,
C'est que je suis très content.

Trois moustiques

M'ont piqué :
Un sur le front,
Un sur le nez,
Et le troisième au bout du pied.
Trois petits boutons
Ont poussé :
Un sur le front,
Un sur le nez,
Et le troisième au bout du pied.
Me voilà tout défiguré !
C'est l'été !

Do, ré, mi, fa, sol, la, si, do,

Gratte-moi la puce que j'ai dans l'dos.
Si tu l'avais grattée plus tôt,
Elle ne serait pas montée si haut.
Do, mi, sol, do.

Bonjour, madame Lundi.
Comment va, madame Mardi ?
Très bien, madame Mercredi.
Dites à madame Jeudi
De venir vendredi
Danser samedi
Dans la salle de Dimanche.

Beau front,

Beaux yeux,
Nez de cancan,
Bouche d'argent,
Menton fleuri,
Guili guili.

Toc ! Toc ! Toc !

Frappez sur la table trois fois.
Qui est là ?
C'est moi !
Chut, je dors.
Mais... Toc ! Toc ! Toc !
Frappez sur la table trois fois.
Qui est là ?
C'est moi !
Ah ! je sors !

Les deux enfants se mettent
face à face en croisant les bras et
en se tenant les mains, et chantent
en faisant un mouvement de
va-et-vient avec leurs bras.

Scions, scions, scions du bois,

Pour la mère, pour la mère,
Scions, scions, scions, scions du bo
Pour la mère Nicolas,
Qui a cassé ses sabots
En mille morceaux.
Voici les morceaux.

Les enfants se lâchent les mains.

Les comptines pour jouer avec les doigts et les mains

On récite ces comptines en faisant divers mouvements avec les mains.

Ainsi font font font

Les petites marionnettes.
*Pliez les coudes, les avant-bras verticaux,
et faites tourner vos mains face à vous,
à hauteur de votre visage.*
**Ainsi font font font
Trois p'tits tours et puis s'en vont.**
*Abaissez vos avant-bras à l'horizontale
et faites tourner vos bras.*

Meunier, tu dors,

Joignez vos deux mains, collez-les contre votre oreille et penchez la tête sur le côté.
Ton moulin, ton moulin va trop vite.
Faites un moulin en avant avec vos mains.
Meunier, tu dors,
Joignez vos deux mains, collez-les contre votre oreille et penchez la tête sur le côté.
Ton moulin, ton moulin va trop fort.
Faites un moulin en arrière avec vos mains.
Ton moulin, ton moulin va trop vite,
Ton moulin, ton moulin va trop fort.
Ton moulin, ton moulin va trop vite,
Ton moulin, ton moulin va trop fort.
Pour ces dernières phrases, faites tourner le moulin de plus en plus vite, en avant ou en arrière, selon qu'il va trop vite ou trop fort.

La grand-mère ou le grand-père récite cette comptine tout en secouant au fur et à mesure les doigts de l'enfant à chaque fois qu'ils interviennent dans la comptine.

Voici ma main.

Elle a cinq doigts.
En voici deux ; en voici trois.
Celui-ci, le petit bonhomme,
C'est le gros pouce qu'il se nomme.
L'index qui montre le chemin
Est le second doigt de la main.
Entre l'index et l'annulaire,
Le majeur paraît un grand frère.
L'annulaire porte un anneau :
Avec sa bague, il fait le beau.
Le minuscule auriculaire
Marche à côté de l'annulaire.
Regardez mes doigts travailler :
Chacun fait son métier.

J'ai un gros nez rouge,

Désignez votre nez avec le doigt.
Deux traits sous les yeux,
Posez vos deux index sous vos yeux.
Un chapeau qui bouge,
Agitez vos mains autour de votre tête.
Un air malicieux,
Faites un grand sourire en le soulignant avec vos doigts.
Deux grandes savates,
Désignez vos chaussures.
Un grand pantalon.
Désignez votre pantalon.
Et quand ça me gratte,
Grattez-vous !
Je saute au plafond.
Sautez !

Le petit rat est passé par là.

Chatouillez la main.
Celui-là l'a vu.
Tirez le pouce.
Celui-là l'a entendu.
Tirez l'index.
Celui-là l'a attrapé.
Tirez le majeur.
Celui-là l'a mangé.
Tirez l'annulaire.
Et le petit riquiqui.
Secouez l'auriculaire.
Il n'a rien eu du tout.
Grattez l'intérieur de la main.

Une grenouille
nouille nouille,
Qui se croyait belle belle belle,
Montait à l'échelle chelle chelle,
Et redescendait dait dait,
En se cassant le nez nez nez.
C'est à toi de chercher !

Dans la forêt
lointaine,
On entend le coucou.
Du haut de son grand chêne,
Il répond au hibou.
Coucou hibou coucou hibou,
Coucou hibou, coucou.

Les comptines pour le rythme

Les enfants sont sensibles aux assonances, aux rimes, au rythme des phrases. Avec ces comptines, ils s'en donneront à cœur joie.

C'est demain jeudi,
La fête à la souris,
Qui balaie son tapis
Avec son manteau gris,
Trouve une pomme d'api,
La coupe et la cuit
Et la donne à ses petits.

Le petit poussin

Picore le grain.
Le petit lapin
Saute dans le thym.
La poule rousse
Pond dans la mousse
Et le cochon rose
Sur la paille se pose.
Mon petit garçon
Chante sa chanson.

Le lapin

Qui a du chagrin,
La fourmi
Qui a du souci,
Et le p'tit rat
Qui a du tracas !
Ah ! la ! la !
Comment arranger tout ça ?

Jamais on n'a vu,

Jamais on ne verra
La famille Tortue
Courir après les rats.
Le papa Tortue,
Et la maman Tortue,
Et les enfants Tortue
Iront toujours au pas.

Pomme de rainette

Et pomme d'api,
Tapis tapis rouge,
Pomme de rainette
Et pomme d'api,
Tapis tapis gris.

Dodo, l'enfant do,

L'enfant dormira bien vite.
Dodo, l'enfant do,
L'enfant dormira bientôt.

Fais dodo, Colas, mon p'tit frère

Fais dodo, t'auras du lolo.
Maman est en haut,
Qui fait des gâteaux.
Papa est en bas,
Qui fait du chocolat.
Fais dodo, Colas, mon p'tit frèr
Fais dodo, t'auras du lolo.

pour s'endormir...

Et, pour s'endormir, celles-ci sont assurément les préférées des enfants...

Le gros corbeau noir

M'a dit ce soir : « Bonsoir. »
Du fond de mon lit
Je lui répondis :
« Ne crie pas si fort !
Je dors, *(prénom de l'enfant)* dort. »

Doucement, doucement, doucement

S'en va le jour.
Doucement, doucement
À pas de velours.
La rainette dit
Sa chanson de nuit.
Et le lièvre fuit
Sans un bruit.
Doucement, doucement, doucement
S'en vient la nuit.
Doucement, doucement
En catimini.
Dans le creux des nids,
Les oiseaux blottis
Se sont endormis.
Bonne nuit !

Quand la nuit se pose, se pose, se pose,

Quand toutes les choses reposent
sans bruit,
Quand les paupières se closent
se closent, se closent
Comme une rose qui se replie,
J'aime ce moment,
j'aime ce moment
Où l'on dit doucement :
Bonne nuit, bonne nuit,
bonne nuit, bonne nuit.

Les jeux

L'enfant adore jouer. Les jeux que je vous propose ne nécessitent pratiquement pas de matériel. Ils privilégient l'observation ou l'adresse, sollicitent la mémoire ou la logique, entraînent la diction... À varier selon les humeurs, le temps, les centres d'intérêt, et à pratiquer à l'intérieur ou en plein air.

Les jeux de plein air

Cogitons

Bonjour la fourmi
(À partir de 3 ans 1/2 ou 4 ans)

Les enfants adorent s'allonger par terre et regarder les nuages sur fond de ciel bleu. Faites découvrir à vos petits-enfants leurs formes ; faites-leur raconter où ils vont, d'où ils viennent, qui ils ont rencontré en cours de route. L'enfant y greffe souvent des histoires de dragons, de châteaux, etc. Suivez-le dans son histoire, mais n'insistez pas s'il n'a pas envie de continuer.
Si vous sentez une lassitude chez lui, ramenez-le sur terre et repérez une fourmi, un scarabée ou une araignée. Alors, de votre sac à malices, sortez la loupe. L'enfant aime voir les choses agrandies.

À vous de trouver une fourmi qui traîne une charge. Où l'emporte-t-elle ? Suivez-la. Elle croise une autre fourmi ? Identifiez-vous à elle, posez des questions et l'enfant se mettra dans le rôle de la fourmi pour vous répondre. Ce petit jeu peut durer très longtemps car l'enfant a plein d'imagination. Encouragez-le à parler, à décrire ce qu'il voit, ce qu'il ressent. « Tu n'as pas senti une goutte d'eau ? Crois-tu qu'il va pleuvoir ? Comment peux-tu savoir ? Es-tu encore loin de ta maison ? ... »

C'est à vous, lancez-vous. Ce petit jeu peut se faire avec une abeille qui butine une fleur. Il pose des questions à l'abeille et elle lui répond par votre intermédiaire. « Quelle couleur de fleur préfères-tu ? Est-ce que toutes les fleurs ont le même parfum ? Le pollen que tu ramasses, à quoi sert-il ? Comment fais-tu pour manger en hiver ? ... » Par insecte interposé, l'enfant peut ainsi apprendre une multitude de choses.

Observe et n'oublie rien !
(À partir de 3 ans 1/2 ou 4 ans)

Vous pouvez ramasser différents objets : caillou, pomme de pin, fleur, coquille d'escargot... Quand vous serez en possession de votre trésor, posez-le par terre, recouvrez-le d'un foulard. Appelez l'enfant, ôtez le foulard, demandez-lui de mémoriser tout ce qu'il voit. Laissez-lui une minute pour tout retenir, puis recouvrez le tout et demandez-lui d'aller chercher les mêmes choses pour reconstituer ce qu'il vient de voir. C'est un excellent exercice de mémoire et d'observation, et pendant qu'il cherchera alentour, vous pourrez vous reposer un peu.

Attention, vous devez adapter le nombre d'objets à l'âge de l'enfant. À titre indicatif, sachez qu'un enfant de 2 à 3 ans peut mémoriser deux objets ; de 3 à 4 ans : trois ; de 4 à 6 ans : quatre ; de 7 ans : cinq ; de 10 ans : six, et de 11 à 12 ans : sept.

Pour ne jamais perdre le Nord !
(À partir de 10 ans)

Avant de commencer, demandez à l'enfant s'il connaît les points cardinaux. Si c'est le cas, vous pouvez lui faire réaliser cette petite expérience. Orientez la petite aiguille de votre montre, tenue à la main, vers le soleil. Imaginez ensuite une ligne partant du centre de votre montre et allant sur le chiffre 12. Prenez la bissectrice de l'angle ainsi formé et vous trouverez le Sud. Au Sud étant opposé le Nord, prolongez votre bissectrice dans l'autre sens. Il suffit maintenant de placer votre carte où une petite flèche indique le Nord, dans la direction du Nord que vous avez trouvée.

On ne triche pas !
(À partir de 4/5 ans)

Il y a aussi les jeux de cache-cache. Mais attention, on ne triche pas ! Lorsque l'enfant se cache derrière un arbre qui n'est pas assez grand pour le cacher, faites-lui remarquer qu'il l'a mal choisi. Cela lui apprendra à évaluer la circonférence de l'arbre par rapport à sa propre taille.

Sachez qu'entre 2 et 7 ans, l'enfant ne se fie qu'à son propre point de vue, qu'il ne peut faire évoluer que par la manipulation et l'expérience. Si l'enfant, caché par un tronc d'arbre, ne vous voit pas, il ne pourra pas imaginer que vous le voyez. Donc, ne vous fâchez pas en lui demandant de faire attention, proposez-lui plutôt d'échanger vos places ; ainsi, il comprendra que de là où vous étiez, même s'il se croyait caché, vous pouviez le voir !

Cherchons

pas n'importe quel bouquet !
(À partir de 4/5 ans)

Si vous voulez souffler un peu, demandez à l'enfant de ramasser, dans un périmètre proche de l'endroit où vous êtes assis, autant de fleurs différentes, mais d'une certaine couleur, ou autant de brins d'herbes différents qu'il pourra trouver. Cela l'occupera pendant un certain temps.

un trésor dans les cailloux
(À partir de 4 ans)

Sur le bord des routes, quelquefois, on rencontre des tas de gravillons. Vous ne les avez jamais regardés de près, j'en suis sûre. Vous avez tort, car souvent on y trouve des quantités de petits coquillages, comme si l'on était au bord de la mer. Demandez à l'enfant de ramasser les plus jolis d'entre eux. Il rapportera ce trésor à sa maman, tout fier.

Gigotons

Récolte des châtaignes et des noisettes
(À partir de 6/7 ans)

Apprenez-lui à ramasser des châtaignes sans se piquer, en écrasant les coques piquantes avec le pied. Ensuite, faites-lui bien observer les châtaignes ramassées. Assurez-vous qu'elles n'ont pas de petit trou, preuve qu'il y a un ver dedans, ce qui les rend impropres à la consommation.
Pour les noisettes, ne lui donnez pas le mauvais exemple de les ouvrir avec les dents. Cherchez plutôt deux cailloux, un grand, plat, qui fera office d'enclume, et un autre, un peu plus petit, pour pouvoir être tenu comme un marteau, et montrez-lui comment faire.

Et hop, ça repart !
(À partir de 3/4 ans)

Quand ils sont encore petits et qu'ils en ont assez de marcher, il y a un truc qui réussit toujours avec les enfants. Écartez un bras, l'enfant passe en dessous et vous devez l'attraper. Une fois sur trois ou quatre, seulement, vous y arriverez. Si ce n'est pas le cas, c'est lui qui gagne. Si vous êtes deux adultes, faites un pont avec vos bras et demandez à l'enfant de venir en toucher le haut. Cela donnera lieu à de sacrés sauts en hauteur ! Puis, en vous tenant par les avant-bras, laissez-le s'accrocher et soulevez-le de terre pour lui faire accomplir un grand saut en avant. Cela marche à tous les coups !

Acrobate toujours !
(À partir de 4 ans)

Qu'y a-t-il de plus amusant que de marcher en équilibre sur un tronc d'arbre ou sur le bord du trottoir, mais en ne posant jamais le pied sur le joint de deux bordures ?

Hue dia, hue !
(À partir de 4 ans)

Si vous passez devant un banc simple (sans dossier), l'enfant va sûrement monter dessus. Proposez-lui alors de s'y asseoir à califourchon et d'avancer en s'aidant de ses mains.

Gare au crocodile !
(À partir de 4/5 ans)

Prenez l'habitude d'alterner jeux et exercices physiques : courir, sauter, marcher avec les pieds en dehors, comme Charlot, avec les pieds en dedans, sauter à cloche-pied. Tracez une ligne au sol, sautez alternativement les deux pieds d'un côté, puis les deux pieds de l'autre. Attention ! si on mord sur la ligne, on a un gage ! On peut aussi marcher à reculons sur la ligne, de même qu'on peut faire le trajet avant et arrière avec les yeux fermés, en récitant cette petite comptine :

« Crocodile à bâbord,
Crocodile à tribord.
Si tu mets les pieds dehors,
Plouf, tu es mort. »

Sous les marronniers
(À partir de 5 ans)

En automne, ramassez des marrons d'Inde. Attention ! ils sont toxiques ! Surtout, dites à l'enfant de ne pas les porter à la bouche. Quand vous en aurez une petite provision, voici quelques jeux possibles.
Tirez un trait sur le sol. À deux, trois ou quatre pas, selon l'âge de l'enfant, tracez un cercle. En restant derrière le trait, l'enfant doit envoyer un maximum de marrons dans le cercle.
Si vous avez la possibilité de trouver des plumes longues, ramassez-les, puis piquez-en quelques-unes dans un gros marron. Lancez-le en l'air, le plus haut possible. En retombant, sa chute sera freinée par les plumes et il tourbillonnera.
À titre indicatif, sachez qu'un enfant lance un objet, sans en maîtriser la trajectoire, vers 2 ans ; la maîtrise du geste et l'amplitude viennent vers 5 ans chez les garçons et 7 ans chez les filles.

J'ai peur, mais j'aime ça !
(À partir de 6/7 ans)

Si vous vous promenez en forêt, apprenez à l'enfant à écouter la nature, le bruit du vent dans les feuilles, celui des arbres, le chant d'une cascade, le bruit des gouttes de pluie ou de l'orage. Relevez des indices, localisez les cris d'animaux, les empreintes, suivez une piste.

Entourez toujours votre démarche d'un maximum de mystère et d'un luxe de précautions : parlez à voix basse, marchez en évitant de faire craquer les brindilles ou de faire rouler un caillou, regardez bien à droite et à gauche. L'enfant se laisse prendre facilement à ce genre de jeux, il aime se créer des sensations fortes. Mais n'en faites pas trop, car il peut tellement se prendre à son jeu qu'il risque vraiment d'avoir peur. Souvent, une petite main est venue se glisser dans la mienne alors que l'enfant me disait : « Tu sais, j'ai peur, mais j'aime ça ! »

Il y a alors un moyen facile de dédramatiser en entrecoupant avec des exercices physiques. On a peur, on s'éloigne en courant, puis on s'arrête, essoufflés mais heureux : « On a échappé au danger ! »

Pour vous reposer de vos émotions, vous pouvez passer à des jeux moins « stressants ». Selon la saison, ramassez des fleurs, des plumes, des cailloux... Cherchez des fraises des bois, des noisettes, des mûres. Si vous avez de la chance, vous pouvez aussi rencontrer un cerisier sauvage, des châtaignes.

Fabriquons

Le triangle fatal
(À partir de 7/8 ans)

Sur une surface plane, tracez un triangle isocèle avec une base étroite. Parallèlement à la base, tracez cinq lignes parallèles et équidistantes. Numérotez de 1 à 6 les zones ainsi définies en commençant par la base, le 6 étant au sommet. Délimitez par un trait la distance à laquelle vont se placer les joueurs par rapport au triangle. Au départ, chacun a cinq noix ou marrons et la banque en est également largement pourvue. Le jeu consiste à faire rouler une noix ou un marron jusque dans la case 6. Chaque joueur obtient le nombre de noix qui est inscrit dans la case où la noix jetée s'est arrêtée. Si la noix sort du triangle, le joueur perd sa noix. Le jeu est fini lorsqu'il n'y a plus de noix dans la banque, et le gagnant est celui qui a le plus de noix.

Greli-grelot
(À partir de 4/5 ans)

Ramassez beaucoup de châtaignes, ramenez-les à la maison et, avec une grosse aiguille, enfilez-les sur une ficelle. Laissez sécher et vous obtiendrez un instrument de musique de type maracas.

D'une feuille, je fais un sapin
(À partir de 6/7 ans)

Fabriquez de petits sapins avec des feuilles de hêtre, en évidant avec les ongles du pouce et de l'index les parties de la feuille situées entre les nervures en alternant les pleines et les évidées.

Les jeux d'intérieur

Cogitons

JEUX POUR EXERCER LA MÉMOIRE

Sur la table, il y avait...

Faites sortir l'enfant de la pièce ou demandez-lui de fermer les yeux. Prenez entre cinq et dix petits objets dans la pièce : cuillère, taille-crayon, bloc, presse-papier, livre, couteau, lampe de poche..., ce qui vous tombe sous la main. Réunissez-les sur la table et recouvrez-les d'une serviette. Demandez alors à l'enfant de revenir ou d'ouvrir les yeux. Enlevez la serviette et laissez-lui 30 secondes pour regarder les objets, puis cachez-les à nouveau. L'enfant devra énumérer les objets qu'il a vus et dire combien il y en avait.

Pour augmenter la difficulté, faites-lui décrire sommairement ce qu'il a vu. Par exemple : un cendrier rouge, un presse-papier rond, une cuillère à café. Vous pouvez stimuler l'enfant en lui proposant une récompense s'il a reconnu tous les objets.

Bien sûr, vous devez adapter le nombre d'objets à l'âge de l'enfant. À titre indicatif, sachez qu'un enfant de 2 à 3 ans peut mémoriser deux objets, de 3 à 4 ans : trois, de 4 à 6 ans : quatre, de 7 ans : cinq, de 10 ans : six et de 11 à 12 ans : sept.

Si vous souhaitez prolonger le jeu, sans changer les objets, modifiez leur disposition. Un canif peut être ouvert ou fermé, un verre posé à l'envers, une cuillère être mise dans une tasse, etc. Demandez-lui ce qui a changé.

Le petit tambour
(À partir de 5 ans)

Avec vos doigts, tambourinez sur la table. Puis, c'est au tour de l'enfant de reproduire la même séquence, mais sans regarder quand vous frappez. Commencez par des rythmes simples (1-2 avec le pouce, puis 1-2-3 avec le majeur), trois ou quatre fois d'affilée, en accentuant la première ou la deuxième phase.

L'oreille musicale
(À partir de 5 ans)

Pour ce jeu, il faut trois récipients : une boîte métallique, une boîte en plastique et un bocal en verre. À l'intérieur, mettez des objets faisant des bruits différents quand on agite les boîtes. D'abord, l'enfant regarde les boîtes et vous les agitez devant lui. Il doit mémoriser le bruit. Ensuite, demandez-lui, les yeux fermés, de reconnaître les boîtes agitées.
Vous pouvez compliquer le jeu en donnant un numéro à chaque boîte, plutôt que de les désigner par leur matière.

Quelle mémoire !
(À partir de 5 ans)

Racontez une histoire à l'enfant, puis demandez-lui d'inventer la suite avec les mêmes personnages et les mêmes lieux.
Énumérez une liste de mots que vous placez dans un contexte, par exemple : « Si tu devais partir en voyage, dans ta valise, il faudrait mettre : ton pyjama, tes chaussettes... » Puis demandez-lui de les redire. Adaptez le nombre de mots à retenir à l'âge de l'enfant. Apprenez ensemble une poésie ou une comptine.

Œil de lynx !
(À partir de 5/6 ans)

Demandez à l'enfant de sortir de la pièce et cachez un objet que vous lui avez montré avant qu'il sorte.

L'objet bien caché, rappelez-le et guidez-le : c'est froid (tu es loin de l'objet), c'est tiède (tu cherches dans la bonne direction), c'est chaud (tu t'en approches beaucoup), tu brûles (tu as le nez dessus) et si c'était un loup, il t'aurait déjà mangé !

L'une des variantes de ce jeu se joue avec plusieurs enfants.
Choisissez un petit objet connu des enfants, demandez-leur de sortir de la pièce et déplacez l'objet ; il doit être posé bien en évidence, mais pas à sa place habituelle.

Dites aux enfants de revenir, d'essayer de repérer l'objet, et, quand ils l'ont vu, de s'asseoir sans parler. Quand tout le monde est assis, on en désigne un pour qu'il aille le chercher. S'il s'est trompé, il a un gage.

Une histoire à rallonges
(À partir de 6/7 ans)

Commencez une phrase. Madame X rencontre Madame Y et lui dit : « Il fait beau aujourd'hui. » L'enfant reprend : « Il fait beau aujourd'hui et je vais aller à la campagne. » Poursuivez : « Il fait beau aujourd'hui et je vais aller à la campagne, je rencontrerai peut-être un loup ». Continuez à tour de rôle, en ajoutant chaque fois une nouvelle idée. C'est un excellent exercice de mémoire, tant pour l'adulte que pour l'enfant. Le premier qui se trompe a naturellement un gage. Et je ne suis pas sûre que ce soit le grand-père ou la grand-mère qui gagne !

Improvisez votre Mémory
(À partir de 6/7 ans)

Le Mémory est un jeu qui fait appel à la mémoire visuelle. Il en existe dans le commerce, mais si vous n'en avez pas, un simple jeu de cartes fera l'affaire.
Choisissez vingt-quatre cartes (douze noires et douze rouges) en veillant à pouvoir faire douze paires de même valeur et de même couleur (le roi de carreau avec le roi de cœur ou le 10 de trèfle avec le 10 de pique). Mélangez-les bien et disposez devant vous quatre rangées de six cartes, face contre la table. Le premier joueur retourne une carte, puis une autre. Si la valeur et la couleur des deux cartes retournées sont les mêmes, il les retire du jeu : il a gagné une paire. Sinon, il les remet face contre table. À chaque fois que l'on gagne une paire, on rejoue.

Puis vient le tour du deuxième joueur. Il en retourne une, puis la deuxième qui lui correspond s'il sait déjà où elle se tient. Sinon, il retourne une carte au hasard. On peut, relativement vite, connaître l'emplacement de la carte que l'on cherche à condition d'avoir fait bien attention quand elle a été retournée la première fois.

Le gagnant de la partie est celui qui a le plus de cartes en sa possession.

Jeux pour exercer le toucher

Mais qu'est-ce que c'est ?
(À partir de 3/4 ans)

Bandez les yeux de l'enfant, faites-lui deviner, par le toucher, l'objet qui se trouve sur la table devant lui et faites-le-lui décrire. Les objets les plus divers sont utilisables : son nounours, un fruit, un vêtement, un ustensile de cuisine… En général, l'enfant aime ce jeu, car, bien qu'ayant une certaine appréhension à toucher ce qu'il ne voit pas, il est très fier de la vaincre.
Vous pouvez augmenter l'effet de surprise en alternant des objets ayant des températures différentes. Une pomme sortie du réfrigérateur et une pomme à la température de la pièce n'ont pas du tout le même toucher, et cela augmente le petit frisson.

Que fait ma brosse à dents là-dedans ?
(À partir de 3/4 ans)

Dans une taie d'oreiller, mettez quelques objets que l'enfant connaît bien (tasse, stylo, brosse à dents, pantoufle…). Le nombre d'objets varie en fonction de l'âge de l'enfant. Fermez la taie de manière à en faire une espèce de grand sac. Le ou les enfants devront dire ce qu'ils ont reconnu au toucher. S'ils savent écrire, faites-leur écrire les noms des objets, sans les montrer aux autres, bien sûr. À la fin, ouvrez le sac et posez les objets devant les enfants. Celui qui en a reconnu le plus a gagné.

Jeux pour exercer la concentration

« Jacques a dit »
(À partir de 5 ans)

Voici un petit jeu bien connu qui développe la concentration et la capacité à écouter. « Jacques a dit… » : « Lève une jambe », « Fais une pirouette », « Saute à pieds joints », « Fais un clin d'œil », « Lève la main droite », etc. Les possibilités sont nombreuses et limitées seulement par votre imagination. Si l'ordre n'est pas devancé par « Jacques a dit », l'enfant ne doit rien faire. Il ne fait ce qui est demandé que si l'ordre est précédé par « Jacques a dit ». Il a tendance à oublier cette règle ; à vous de la lui rappeler.

Ni oui, ni non
(À partir de 7/8 ans)

Dans ce jeu, il s'agit de poser des questions à l'enfant, mais il lui est interdit de répondre par « oui » ou par « non », qui sont des mots « interdits ». Cela développe l'attention, le vocabulaire, et surtout apprend à l'enfant à ne pas répondre par monosyllabes. Laissez-lui le droit à quatre erreurs, sinon, le jeu serait vraiment trop court. N'oubliez pas : un enfant déteste perdre, alors il faut lui faire comprendre, lentement mais sûrement, qu'on ne peut pas gagner à tous les coups et que quelquefois c'est très difficile. Encouragez-le ! Ce jeu plaît bien aux enfants et je les surprends souvent à y jouer entre eux.

JEUX DE CHIFFRES ET DE LETTRES

Ouvre l'œil !
(À partir de 5 ans)

Choisissez un texte et, même si l'enfant ne sait pas lire, montrez-lui une lettre. Demandez-lui de repérer toutes les lettres identiques dans le texte et de les marquer par un petit trait. Montrez-lui comment on y arrive le mieux : en observant attentivement le texte de gauche à droite et en suivant les lignes de haut en bas. Demandez-lui de mettre dans la marge le nombre de traits trouvés dans chaque ligne. Profitez-en pour lui apprendre le nom des lettres. Ce sera encore plus difficile, quand il s'agira de retrouver des petits mots : le, la, un, une… Ce jeu peut aussi être réalisé avec des chiffres.

Que raconte mon doigt ?
(À partir de 6 ans)

Avec votre doigt, écrivez une lettre ou un petit mot sur sa main ou sur son dos, ou, s'il ne sait pas encore lire, dessinez quelque chose de très simple (une étoile, un cœur…), et demandez à l'enfant de deviner ce que vous avez fait.

Deux, quatre, six, huit...
(À partir de 7/8 ans)

Demandez à l'enfant de compter de deux en deux, ou de trois en trois... Le jeu est plus stimulant quand il y a deux ou trois enfants et qu'ils comptent à tour de rôle ; cela crée une émulation, et tant mieux si, après, les tables de multiplication rentrent mieux !

JEUX DE RÉFLEXION ET DE STRATÉGIE

Un carré avant toi
(À partir de 7/8 ans)

Se joue à deux. Sur une feuille de papier quadrillé, le premier joueur trace le côté d'un carré. Le deuxième y ajoute un autre segment à la suite. Le but du jeu est de parvenir à fermer un carré tout en empêchant l'autre joueur d'y arriver. Le joueur qui y arrive gagne un point et peut rejouer.

Le morpion
(À partir de 8/9 ans)

Se joue à deux. Chaque joueur choisit un signe : un rond ou une croix. Sur du papier quadrillé, tracez un grand carré que vous divisez en cases égales. Chacun à son tour trace son signe dans une case. Le but du jeu est de parvenir à aligner trois signes identiques, que ce soit à la verticale, à l'horizontale ou en diagonale, tout en empêchant l'autre joueur d'y arriver.

Jeux de hasard

Le menteur
(À partir de 6/7 ans)

Souvent, les très jeunes enfants ne connaissent pas la valeur des cartes, mais cela ne vous empêchera pas de faire quelques jeux avec eux.

Chaque joueur reçoit le même nombre de cartes. Si l'enfant est petit, n'en donnez pas trop, pour qu'il puisse les tenir dans sa main. Le premier joueur dépose une carte rouge ou noire en annonçant la couleur demandée. Les autres joueurs déposent une carte par-dessus en disant « suivi », mais sans montrer la carte jouée, même si elle n'est pas de la couleur demandée.
À n'importe quel moment, un joueur peut interrompre la partie en traitant celui qui a joué en dernier de menteur.

Il retourne alors la carte jouée ; si la couleur est bonne, c'est l'« accusateur » qui ramasse toutes les cartes sur la table ; sinon, c'est le joueur qui avait menti. C'est celui qui a ramassé toutes les cartes qui relance le jeu. Le gagnant est le premier qui n'a plus de carte en main.
Vous pouvez compliquer un peu le jeu en demandant, non la couleur, mais la figure : cœur, carreau, pique ou trèfle, si l'enfant connaît les cartes.

Snip ! Snap ! Snork !
(À partir de 7 ans)

Avant de commencer, vérifiez bien que vous avez quatre cartes par figure : quatre as, quatre rois, quatre dames, quatre valets... Plus les enfants connaissent de cartes, plus vous pourrez en augmenter le nombre en jeu. Distribuez les cartes. On joue dans le sens des aiguilles d'une montre. Celui qui commence joue un as, par exemple (peu importe la couleur), et le pose au milieu de la table en disant « as ». Si son voisin de gauche a également un as, il le pose et dit « snip ! » ; le joueur suivant qui possède un as le pose et dit « snap ! » ; le joueur qui a le quatrième as le pose et dit « snork ! » Puis il relance le jeu, en déposant une autre carte, et l'on recommence. À chaque fois, c'est le joueur qui a déposé la quatrième carte qui relance le jeu. Si un joueur n'a pas la carte demandée, il passe son tour. Le gagnant est celui qui, le premier, n'a plus de carte en main.

La banque aux allumettes
(À partir de 7/8 ans)

Se joue à deux, trois ou quatre joueurs. Distribuez une vingtaine d'allumettes par joueur. Un des joueurs fait la banque, c'est lui qui a le jeu de cartes en sa possession. Il demande aux joueurs : « rouge ou noir ? » et chacun mise autant d'allumettes qu'il le souhaite sur la couleur de son choix. Le banquier retourne la première carte et verse à ceux qui ont deviné la bonne couleur le nombre d'allumettes correspondant à leur mise. S'ils se sont trompés, c'est la banque qui empoche la mise. Le premier qui n'a plus d'allumettes a perdu.

Pierrot le noir !
(À partir de 8/9 ans)

Montrez aux enfants le valet de pique, c'est lui qui sera Pierrot. Retirez du jeu tous les autres valets et vérifiez que les cartes restantes se marient deux par deux (2 x 2 rois, 2 x 2 as, etc.). Suivant l'âge de l'enfant, donnez un nombre de cartes qu'il peut garder dans sa main.

Dès qu'il est en possession de toutes ses cartes, il regarde quelles sont ses possibilités de marier des cartes de même valeur et de même couleur, et il élimine tous les couples qu'il a pu former. Ensuite, le premier joueur en partant de la gauche présente ses autres cartes, faces cachées, à son voisin de gauche, qui en tire une. Si la carte tirée peut se marier avec une carte qu'il a déjà, il les pose au milieu de la table, puis présente son jeu à son voisin.

Quand tous les couples auront été déposés, il restera une seule carte : le Pierrot. Son possesseur aura droit à un gage, voire à une pastille noire marquée sur son visage. Pour cela, faites flamber un bouchon en liège à la flamme d'un briquet. Attendez que le bout noirci soit froid et appliquez-le sur le front, le menton ou la joue. Cela plaît tellement aux enfants qu'ils ne se sentent absolument pas vexés de perdre et tous veulent être tatoués ! Ôter la pastille est facile avec un peu de lait démaquillant, puis de l'eau et du savon.

Marions-les !
(À partir de 9 ans)

On commence par distribuer quatre cartes par joueur, puis on laisse les autres au milieu de la table. Le but du jeu est de faire une paire avec deux cartes de même valeur et de même couleur. Chacun, à tour de rôle, pioche une carte dans le tas central. Si vous pouvez faire une paire, vous la déposez et vous avez le droit de piocher à nouveau ; sinon, c'est au tour de votre voisin. À vous de choisir si le gagnant sera celui qui a obtenu le plus de paires, ou alors le premier qui n'a plus de cartes en main.

JEUX DE DÉDUCTION

Est-ce que c'est un éléphant ?
(À partir de 6 ans)

Le meneur dit qu'il pense à un animal, à une fleur, un objet ou une personne. Le ou les autres joueurs posent autant de questions qu'ils le désirent pour savoir de quoi il s'agit, questions auxquelles le meneur ne peut répondre que par « oui » ou par « non ». Si un joueur pense avoir assez d'éléments, il peut proposer une solution. Si elle est fausse, il est éliminé. Le premier qui, à force de questions, trouve la bonne solution, devient meneur à son tour.

À qui appartiennent ces chaussures ?
(À partir de 7/8 ans)

Un enfant quitte la pièce. Les autres, assis, ôtent leurs chaussures et les mélangent. Celui qui revient doit, en observant la taille de leurs pieds, chaussures de garçon ou de fille, retrouver leurs propriétaires.

L'appel du fantôme
(À partir de 8/9 ans)

Les volets sont fermés, les lumières éteintes. Avec une lampe de poche, tracez dans le noir un chiffre ou une lettre que l'enfant devra reconnaître.

JEUX AUTOUR DU LANGAGE

Le mouton miaule-t-il ?
(À partir de 2 ans 1/2 ou 3 ans)

Que fait le chat ? Il miaule. Bien ! Sais-tu imiter son cri ? Et celui du canard, du cheval, du mouton, de l'âne, de la poule... ?

A comme asticot
(À partir de 6/7 ans)

Trouvez des mots qui commencent par la lettre « a » ou par la syllabe « al »..., ou d'autres. À vous de graduer les difficultés.

J'ai la langue qui fourche
(À partir de 7 ans)

À dire très vite, sans s'embrouiller et en respectant toujours la suite des mots.
- Un chasseur sachant chasser sait chasser sans son chien.
- Les chaussettes de l'archiduchesse sont-elles sèches, archi-sèches ?
- Tas de riz, tas de rats. Tas de riz tentant, tenta tas de rats tentés. Tas de rats tentés, tâta tas de riz tentant.
- Si six scies scient six cigares, six cents scies scient six cents cigares.
- Du foie gras d'oie frais, du foie gras froid d'oie frais.
- Trois petites truites cuites, trois petites truites crues.
- Didon dîna, dit-on, du dos d'un dodu dindon.
- Papier, piano / piano, papier / papier, piano / piano, papier / papier.

Mon chat de A à z
(À partir de 8/10 ans)

Ce jeu permet de faire patienter l'enfant. On peut y jouer en voiture, dans une salle d'attente ou à la maison. Vous lui demandez de dire comment est son chat, en suivant les lettres de l'alphabet. « Mon chat est **a**ssoiffé, il est **b**eau, il est **c**oquin, il est **d**... » En même temps, on peut expliquer à l'enfant ce que sont les adjectifs.

Do you speak english ?
(À partir de 7 ans)

Si vous avez quelques connaissances linguistiques, cela amuse souvent l'enfant de connaître les couleurs, les jours de la semaine ou les chiffres (de 1 à 10) dans une autre langue (ne serait-ce que pour frimer auprès de ses copains). Quant à vous, cela vous permet de l'occuper intelligemment. Allons-y : « a little yellow car » (une petite voiture jaune), « a fat black cat », etc.

Cogitons en voiture

C comme Claire
(À partir de 4 ans)

Trouvez une voiture dont la plaque d'immatriculation contient la lettre par laquelle commence le prénom de l'enfant.

Choisis ta couleur
(À partir de 4 ans)

De quelle couleur sera la première voiture qui va nous dépasser ? L'enfant choisit une couleur, vous une autre. Le hasard dira qui a gagné.

Et de cinq !
(À partir de 5 ans)

Le premier qui a repéré cinq voitures rouges ou bleues (une couleur pour vous, une pour lui) a gagné.

Celui qui crie le plus fort gagne !
(À partir de 6 ans)

Le but du jeu est de trouver une plaque d'immatriculation qui se termine par un chiffre déterminé à l'avance. Le premier qui le trouve a gagné. Attention ! s'il y a plusieurs enfants, ce sera très animé dans la voiture !

Passe, c'est vert !
(À partir de 6/7 ans)

En ville, demandez à l'enfant de vous indiquer la couleur du feu : rouge, orange ou vert. Vérifiez quand même avant d'engager votre voiture…

Y a-t-il du rouge ?

Demandez à l'enfant de repérer dans son environnement des objets qui ont tous la même caractéristique. Il peut s'agir d'une caractéristique de forme (par exemple tout ce qui est rond), de couleur (tout ce qui est rouge) ou de nom (tout ce qui commence par la même lettre, par exemple : église, épicerie, épi, étoile, échafaudage…). Celui qui en réunit le plus est le gagnant.
Si vous choisissez des caractéristiques de formes ou de couleurs, ce jeu sera adapté à des enfants à partir de 3 ou 4 ans ; bien sûr, s'il faut trouver des mots commençant par la même lettre, ce sera un peu plus tard : à partir de 6 ou 7 ans.

À vos grilles !
(À partir de 8/9 ans)

Chaque enfant a une grille avec trois cases sur trois cases, soit neuf cases en tout, dans lesquelles il inscrit des nombres à deux chiffres. Le jeu peut commencer. Il faut repérer ces nombres sur les plaques d'immatriculation des voitures qui passent, et le barrer sur sa grille. Bien sûr, les numéros de départements ne comptent pas. Le gagnant est celui qui a barré toutes ses cases.

Une 2 CV blanche
(À partir de 8/9 ans)

Si l'enfant connaît les modèles de voiture, faites-lui choisir une marque et une couleur. Faites de même de votre côté. Le premier qui voit la voiture de son choix a gagné.

Mais en voiture, il n'y a pas que les jeux...
(À partir de 5/6 ans)

Vous pouvez profiter d'un trajet en voiture pour apprendre à votre petit-enfant les règles élémentaires de prudence en ville et sur les routes. Pour que cela ne soit pas trop didactique, posez des questions qui obligeront l'enfant à observer et à réfléchir.

Regarde les panneaux de signalisation. Quelle est la couleur la plus souvent rencontrée ? Sais-tu ce que représente ce dessin ?
Pourquoi les voitures de pompiers sont-elles rouges ?
Pourquoi faut-il s'arrêter quand le feu est rouge ? De quelle couleur doit être le feu pour que tu puisses traverser ?
De quel côté de la route les voitures doivent-elles rouler ?

Je suis copilote
(À partir de 9/10 ans)

Si l'enfant sait déjà lire, vous pouvez photocopier et agrandir la portion de la carte routière qui vous intéresse et lui demander de la lire : repérer les villes traversées, vérifier quand il y a des croisements, et où ils mènent. Suit-on une nationale ou une départementale ? Comment se nomment les fleuves, les chaînes de montagnes ? Y a-t-il des curiosités à voir (château, église) ?...
Et pourquoi ne pas faire une petite pause dans les endroits en question si l'enfant a l'air de s'y intéresser ?

Et toi, quand tu veux traverser la rue, de quel côté dois-tu regarder en premier ? (À gauche.) Pourquoi ? (Parce que la première voiture que tu rencontreras, comme elle roule à droite, viendra de ta gauche.)

Vous pouvez aussi lui demander de vérifier que vous respectez bien la vitesse autorisée. Il repèrera très vite les panneaux de limitation de vitesse.

Quand il s'est un peu familiarisé avec toutes ces règles, demandez-lui de vous signaler tout ce qui n'est pas « normal » : téléphone au volant, enfant assis sur le siège avant, ceinture non bouclée, piéton qui traverse en dehors des clous, vélo roulant en sens interdit, couloir de bus non respecté... Le fait de repérer les infractions l'encouragera par la suite à bien faire.

Gigotons

Contorsions pour une pomme
(À partir de 5 ans)

Attachez une pomme avec une ficelle (le plus efficace, c'est encore de traverser la pomme avec la ficelle) à une poignée de porte en la laissant pendre à peu près à la hauteur des genoux de l'enfant. Il devra essayer de la manger sans utiliser les mains. Ce jeu est plus amusant s'il y a des spectateurs qui savent apprécier les contorsions nécessaires pour y mordre...

JEUX D'ADRESSE

Duvet vole
(À partir de 4/5 ans)

Voici quelques jeux à faire avec une plume ou un duvet d'oiseau.
Un enfant monte sur une chaise et jette une petite plume. Son partenaire doit la rattraper avant qu'elle n'atteigne le sol.
Posez un duvet dans la paume de la main de l'enfant et demandez-lui de courir autour de la table sans la faire tomber. Attention ! Celui qui ferme sa main est éliminé.
Deux enfants prennent place face à face, chacun à un bout de la table, un duvet posé devant lui ; le but du jeu est de faire parvenir en soufflant doucement son duvet à l'autre bout. Le premier qui y arrive a gagné.
Vous pouvez aussi faire asseoir les enfants en rond, et lâcher un duvet d'un peu haut au milieu du cercle. Le jeu consiste, en soufflant, à maintenir le duvet en l'air.

Vise bien
(À partir de 7/8 ans)

Pour ce jeu, il vous faut un plateau à œufs et des billes. Si vous n'avez pas de billes, fabriquez-en avec du papier d'aluminium. Posez le carton à une certaine distance de l'enfant et donnez-lui autant de billes qu'il y a d'alvéoles. Demandez-lui de lancer une bille dans chacune. À la fin, comptez le nombre d'essais réussis ; seules comptent les alvéoles où il n'y a qu'une bille.

Goûter à la chinoise
(À partir de 7/8 ans)

Préparez une assiette de friandises pour chaque enfant : petits morceaux de fruits, un ou deux chocolats, petites tranches de gâteau ou de pain d'épices... ou alors du salé : fromage, pain... Les enfants doivent alors essayer de manger « chinois » en se servant de baguettes.

Le bec dans la farine
(À partir de 8 ans)

Tassez de la farine dans un petit bol, puis posez une grande assiette dessus. Retournez le tout comme pour faire un pâté de sable et posez une bague au sommet. Avec un couteau, enlevez une « tranche » de farine sur le côté, à tour de rôle, sans faire tomber la bague. Celui qui fait s'écrouler la bague aura perdu et (mais ce n'est pas obligatoire) devra aller la rechercher avec les dents. Ambiance assurée.

Passe-moi la boulette
(À partir de 7/8 ans)

Ce jeu se joue à deux. Chacun a une cuillère en plastique assez grande (les cuillères de couverts à salade font très bien l'affaire). Il faut une boulette de papier d'aluminium, assez grande elle aussi. Chacun des joueurs tient le manche d'une cuillère dans sa bouche. Ils doivent ensuite essayer de passer la boulette d'une cuillère à l'autre sans s'aider des mains.

Jeux pour exercer la motricité

Loup y es-tu ?
(À partir de 3/4 ans)

Le loup, c'est la grand-mère ou le grand-père. Il marche dans la pièce en se promenant.

Derrière lui, les enfants sortent de leur refuge (que l'on a déterminé à l'avance) et le suivent le plus près possible en chantant : « Promenons-nous dans les bois pendant le loup n'y est pas. Si le loup y était, il nous mangerait. Loup, y es-tu ? Que fais-tu ? »

Le loup répond à chaque fois, au gré de sa fantaisie : « Je mets mes chaussures, je mets mon pantalon, je mets mon veston, je prends ma canne… »

Et, à un moment donné, il dit : « J'arrive ! » et il essaye d'attraper un enfant avant qu'il n'ait regagné son refuge. Le dernier à ne pas avoir été éliminé est le vainqueur.

Dans la mare, hors de la mare
(À partir de 4 ans)

Ce jeu se joue à plusieurs enfants. On trace une ligne – le rebord d'un tapis, par exemple, ou, dans la nature, un trait par terre. Les enfants sont alignés d'un côté du trait, qui représente le bord de la mare.

Au début du jeu, ils sont à l'extérieur de la mare. Le meneur de jeu donne des ordres : « Dans la mare ! » (tous les enfants doivent alors sauter à pieds joints de l'autre côté de la ligne), « Hors de la mare ! » (ils doivent revenir en arrière, toujours à pieds joints).

Des ordres identiques peuvent être donnés plusieurs fois de suite. Par exemple : « Hors la mare ! », et les enfants ne doivent pas bouger s'ils sont déjà dehors. Les enfants qui se trompent sont éliminés. Le dernier à rester est déclaré vainqueur.

Théâtre d'ombres
(À partir de 4 ans)

Au moment du coucher ou pour faire patienter au lit un enfant malade. En interposant vos mains entre la lumière de la lampe et le mur, faites quelques ombres simples avec vos doigts en vous inspirant des dessins ci-contre. Mais, surtout, exercez-vous avant de vous lancer ! L'enfant se passionnera pour cet art et il vous demandera de lui « apprendre » ces figures.

Plus tard, vous pourrez découper avec lui des petits personnages dans du carton léger et vous monterez ensemble un petit théâtre d'ombres.

La danse des ballons
(À partir de 5/6 ans)

Ce jeu se joue à plusieurs enfants. Donnez un ballon de baudruche à chaque enfant. Demandez-leur de le garder en l'air le plus longtemps possible en le frappant avec les mains. Quand un ballon a touché le sol, se trouve en haut d'une armoire ou éclate, son propriétaire est éliminé. Mieux vaut prévoir quelques ballons de rechange !

Ne vous trompez pas d'oreille !
(À partir de 6 ans)

L'enfant se tient debout, les bras le long du corps. Demandez-lui d'attraper alternativement, en croisant ses bras, l'oreille gauche avec la main droite et le nez avec la main gauche. Il ramène ensuite les bras le long du corps et recommence, mais en attrapant l'oreille droite avec la main gauche et le nez avec la main droite. Et ainsi de suite, de plus en plus vite. Faites-le en même temps que lui. Vous verrez : vous vous y perdrez très vite, l'un et l'autre… Parce que le cerveau doit faire un gros travail pour donner des ordres aux muscles et contrôler la coordination des mouvements.

Au rythme de la batterie
(À partir de 6/7 ans)

Frappez le bord de la table avec le poing côté petit doigt, puis avec le pouce, puis avec l'index, puis avec l'index et le petit doigt en même temps. Recommencez et faites ces mouvements de plus en plus vite, sans vous tromper. Pendant tout l'exercice, le majeur et l'annulaire restent repliés.

Saute à l'élastique !
(À partir de 6/7 ans)

Placez deux chaises face à face à 1,50 m de distance. Enroulez un grand élastique d'environ 4 m refermé par un nœud autour des pieds avant des deux chaises. Vous obtenez ainsi un grand rectangle. Réglez la hauteur de l'élastique selon les capacités de votre petit-fils ou de votre petite-fille, mais commencez toujours très bas, pour le remonter au fur et à mesure.

Qui ne connaît le célèbre « lundi, mardi, mercredi…, samedi, dimanche » où l'on sautille tout en chantonnant ? Au départ, l'enfant a l'élastique à sa gauche. **Lundi** : il saute et fait rentrer son pied gauche à l'intérieur de l'élastique ; **mardi** : tout en sautant, il fait passer son pied droit à l'intérieur de l'élastique et son pied gauche à l'extérieur ; **mercredi** : il rentre son pied gauche à l'intérieur de l'élastique et se retrouve donc avec les deux pieds joints à l'intérieur ; **jeudi** : il fait repasser son pied droit à l'extérieur de l'élastique ; **vendredi** : tout en sautant, il fait passer son pied gauche à l'extérieur et son pied droit à l'intérieur ; **samedi** : il fait passer son pied gauche à l'intérieur, les deux pieds sont donc réunis à l'intérieur ; **dimanche** : il saute et fait passer ses pieds chacun d'un côté de l'élastique. Bien sûr, il y a des variantes et des raffinements à ce jeu.

À trois enfants, il n'y a plus besoin de chaises : deux enfants tiennent l'élastique (autour de leurs chevilles, de leurs genoux, voire de leur taille quand ils sont plus grands…) pendant que le troisième saute.

Ne tape pas si fort !
(À partir de 7 ans)

Deux joueurs sont face à face. Le premier tend ses mains, paumes vers le haut. Le deuxième joueur pose ses deux mains sur les siennes, paume sur paume. Le premier joueur doit dégager ses mains le plus rapidement possible pour aller taper les mains du deuxième joueur avant que celui-ci n'ait eu le temps de les retirer. S'il y arrive, il marque un point ; sinon, on inverse les rôles.

Je tire plus vite que mon ombre
(À partir de 7 ans)

Tendez l'index de la main gauche vers l'avant, le pouce de la main droite vers le haut. Puis repliez ces deux doigts et alternez : index de la main droite vers l'avant, pouce de la main gauche vers le haut, et de plus en plus vite.

PARCOURS

Ne perds pas ton coussin
(À partir de 4/5 ans)

Indiquez à l'enfant un itinéraire qu'il devra parcourir à quatre pattes, en portant un coussin en équilibre sur le dos. S'il fait tomber le coussin, il retourne à la case départ. Pour les plus grands, augmentez la difficulté en leur demandant de marcher à quatre pattes, mais les avant-bras au sol.

Devine où tu es ?
(À partir de 6/7 ans)

Se joue à deux enfants. Un enfant a les yeux bandés. L'autre se tient derrière lui avec les mains sur ses épaules et doit le guider, en le promenant à travers l'appartement dans tous les sens, en prenant soin de ne rien heurter. Au bout de 1 à 2 minutes de promenade, celui qui a les yeux bandés doit deviner où il se trouve. S'il le sait, c'est lui qui devient meneur.
Vous pouvez compliquer le jeu en ajoutant des obstacles sur le sol : bottin, oreiller, plan incliné, bouteille en plastique... L'enfant les aura vus, mais, par la suite, devra suivre les indications du meneur pour les éviter. Le meneur peut aussi lui faire franchir des obstacles fictifs, par exemple lui donner l'ordre de contourner une bouteille alors qu'il n'y en a pas !

Un deux, trois, soleil !
(À partir de 5/6 ans)

Mettez-vous face à un mur, l'enfant à bonne distance de vous derrière une ligne. Il devra avancer pas à pas pendant que vous direz : « Un, deux, trois, soleil ! » à un rythme que vous choisirez. La phrase terminée, retournez-vous. Vous ne devez pas voir l'enfant bouger, sinon il devra retourner à la ligne de départ. Il faut qu'après plusieurs tentatives, l'enfant arrive à vous toucher avant que vous n'ayez eu le temps de vous retourner. S'il vous a touché(e), il prend votre place et devient meneur de jeu.

Manipulation

Le roi du silence
(À partir de 6/7 ans)

Pour devenir le roi du silence, il faut, dans un temps record, extraire un objet d'un bocal où sont entreposés divers ustensiles, sans faire de bruit ! Dans ce bocal, vous pouvez mettre couverts, ciseaux, clefs, crayons, etc.

Je reconnais ta voix
(À partir de 6/7 ans)

Plusieurs enfants font une ronde autour de Colin-Maillard, qui a les yeux bandés et une baguette à la main. Avec sa baguette, il montre un enfant, celui-ci prend l'autre bout de la baguette et lui répond en déguisant sa voix pour ne pas être reconnu. S'il l'est néanmoins, c'est à lui de prendre la place de Colin-Maillard. Sinon, le jeu continue avec le même.

En piste, les tortues !
(À partir de 7 ans)

Si vous ouvrez une bouteille de champagne ou de cidre bouché, gardez toujours la coiffe métallique et son armature. Torsadez les quatre pattes et la tête, et posez la coiffe dessus. Vous obtenez une tortue. À chaque tortue, attachez un fil de 50 centimètres de longueur. À l'autre extrémité du fil, attachez une allumette. Les tortues sont placées à un bout de la table. Chaque enfant tient l'allumette dans sa main et doit faire avancer sa tortue en enroulant le fil autour de l'allumette. L'enfant dont la tortue est la première à avoir son fil totalement enroulé est déclaré vainqueur.

Chapeau de gendarme
(À partir de 7 ans)

Munissez-vous d'une page de journal. Pliez-la en deux dans le sens de la largeur. Rabattez les coins pliés vers le milieu de manière à ce qu'ils se touchent à la même hauteur. À l'opposé des deux triangles ainsi formés, il y a un rectangle allongé composé de deux feuilles. Rabattez la première feuille vers l'avant et la deuxième feuille vers l'arrière. Relevez les bords. Enfilez votre chapeau !

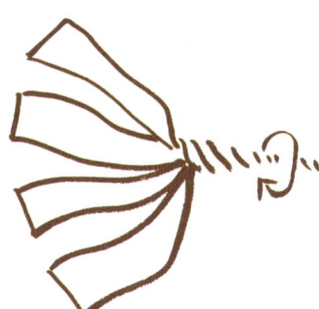

 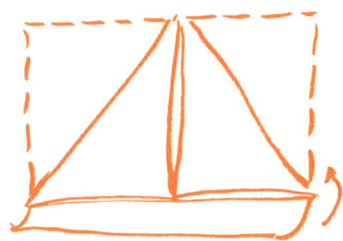 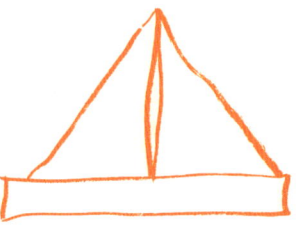

Il tourbillonne dans l'air
(À partir de 7 ans)

Dans une feuille de papier d'aluminium, coupez un rectangle de 15 centimètres sur 20. Pliez-le en deux, puis encore en deux dans le sens de la longueur. Découpez le long des pliures avec beaucoup de soin. Vous obtenez quatre bandes égales. Superposez-les très exactement, puis tortillez ces bandes en commençant par le bout, jusqu'à mi-hauteur, en évitant de déchirer le papier. Dépliez ce qui reste des bandes, en leur donnant la forme d'une fleur. L'hélicoptère est prêt. Lâchez-le du haut d'un balcon, ou montez sur une table et lâchez-le. Il descendra doucement avec un joli mouvement de rotation.

Le mikado aux allumettes
(À partir de 8/9 ans)

Tout le monde a joué au mikado, mais vous n'en avez pas forcément un chez vous. Vous pouvez facilement en fabriquer un en vous servant d'allumettes. Jetez des allumettes sur la table et essayez de les ôter une à une sans faire bouger les autres. Dès qu'un joueur fait bouger une allumette, il cède son tour. Le gagnant est celui qui a récupéré le maximum d'allumettes.

JEUX DE RÉFLEXION ET STRATÉGIE

Fais rire les lions
(À partir de 4/5 ans), à plusieurs.

Tous les enfants, sauf un (qui est le clown), sont couchés au sol, sur le dos, les bras écartés et les yeux ouverts. Ce sont les lions. Le clown a le droit de faire toutes les grimaces et pitreries qu'il veut, à condition de ne jamais toucher les lions. Il doit les faire rire. Le lion qui rit est éliminé. Le dernier restant devient le clown à son tour.
S'il n'y a que deux enfants ou un adulte et l'enfant, voici une variante. Les deux joueurs sont assis face à face ; l'un doit faire des grimaces et l'autre doit le regarder tout en restant impassible. Le « grimaceur » a le droit de faire des bruitages (onomatopées, cris d'animaux), mais ne doit pas parler.

À chacun son élément
(À partir de 6/7 ans), à plusieurs.

Les enfants sont assis en cercle autour du chasseur qui tient une balle. Le chasseur lance sa balle sur les genoux d'un joueur en criant : « Terre ! », « Air ! » ou « Eau ! » puis compte jusqu'à 5. Avant qu'il n'ait fini de compter, le joueur qui a reçu la balle doit crier le nom d'un animal qui vit sur terre, dans l'air ou dans l'eau. Si l'on est trop lent à répondre ou si l'on prononce le nom d'un animal qui a déjà été utilisé dans la partie, on prend automatiquement la place du chasseur.

Devine ce que je fais
(À partir de 6/7 ans)

Commencez par mimer une scène du quotidien. Par exemple, casser un œuf, verser du lait, faire sauter des crêpes... Continuez jusqu'à ce que l'enfant ait compris ce que vous faites. Lorsqu'il a deviné, inversez les rôles. C'est à lui de mimer une situation : faire du vélo, se laver les dents, écrire... et c'est à vous de deviner ce qu'il fait.

Arriver à bon port
(À partir de 7/8 ans)

Sur une feuille de papier quadrillé, délimitez un carré assez grand, marquez un point de départ sur un des côtés, puis un point d'arrivée sur un autre côté. Reproduisez le même carré et les mêmes repères sur une autre feuille. Chacun a donc une feuille. Mettez-vous au départ et demandez à l'enfant de dessiner le parcours que vous lui indiquez : 2 à gauche (il trace une ligne de 2 carreaux), 5 en bas, 2 à droite... Faites ce parcours sur votre feuille en même temps que lui sur le sien, et finissez votre parcours au point d'arrivée. Bravo s'il ne s'est pas trompé et s'il est arrivé au même point que vous !

Bricolons

Des porte-serviettes de table
(À partir de 4/5 ans)

Matériel : 1 rouleau en carton (1 rouleau de papier absorbant, par exemple), feutres ou gommettes.

Préparez le jeu pour l'enfant : découpez le rouleau en tronçons de 4 centimètres, puis égalisez les bords. C'est ensuite à l'enfant de le décorer avec des dessins, des gommettes…

Sable parfumé
(À partir de 4/5 ans)

Matériel : sable et petits coquillages rapportés d'un séjour au bord de la mer, vernis à ongle transparent, 2 pots à confiture avec leurs couvercles, des huiles essentielles (attention, surtout, à ce que l'enfant n'en avale pas !), 1 grande coquille Saint-Jacques.

Nettoyez bien les petits coquillages, séchez-les, puis vernissez-les. Mettez le sable dans un pot à confiture, les coquillages dans l'autre, puis ajoutez dans chaque pot quelques gouttes d'huile essentielle, fermez-les et patientez une semaine. Versez ensuite le sable dans la coquille Saint-Jacques et décorez avec les petits coquillages.

Orange odorante
(À partir de 5 ans)

Matériel : 1 orange, 100 g de clous de girofle, 1 beau ruban.

Piquez un maximum de clous de girofle dans l'orange, puis entourez-la d'un beau ruban et accrochez-la dans une pièce qu'elle parfumera agréablement pendant très longtemps.

Mobile d'automne
(À partir de 5/6 ans)

Matériel : 1 beau bâton de 40 cm environ, 1 couteau, des plumes, des coquillages, des petits cailloux, des pommes de pin, des épis de blé mûrs..., de la ficelle.

Ôtez l'écorce du bâton à l'aide du couteau (c'est bien sûr à vous, grand-parent, de le faire). Faites-le décorer par l'enfant, puis, ensemble, avec des ficelles de longueur différente, attachez-y tous vos trésors. Il vous faudra aider l'enfant à équilibrer son mobile. Il pourra en décorer sa chambre pendant quelque temps.

Couronne de bienvenue
(À partir de 5/6 ans)

Matériel : quelques petites branches de sapin, quelques feuilles de houx, du lierre, des pommes de pin, des baies d'églantines, rapportés d'une promenade en forêt, du fil de fer, 1 beau ruban.

Fabriquez un cercle avec le fil de fer, fixez-y les branches de manière à faire une petite couronne, puis laissez l'enfant la décorer à sa guise. À la fin, tortillez le ruban tout autour, et voilà une belle couronne de bienvenue à fixer sur la porte d'entrée.

Graine d'artiste
(À partir de 5/6 ans)

Matériel : 1 carton solide de 20 cm x 10 cm, 1 crayon, de la colle, un maximum de graines différentes (lentilles, maïs, graines de tournesol, haricots, pois…). Prévoyez aussi un bout de toile cirée sur laquelle l'enfant pourra travailler.

L'enfant collera les graines sur le carton. Il n'y a pas de règles : il peut représenter ce qu'il veut, recouvrir le carton entièrement de graines ou n'en mettre qu'à quelques endroits, ou faire d'abord un dessin au crayon, puis coller les graines. Bref, il peut donner libre cours à sa créativité ! Mais soyez là pour l'accompagner dans son œuvre : ce n'est pas toujours facile de coller des graines aussi petites…

Orange lumineuse
(À partir de 5/6 ans)

Matériel : 1 belle orange, de l'huile, 1 briquet ou 1 allumette, 1 cuillère à pamplemousse, 1 petit couteau pointu.

Coupez l'orange en deux. Faites évider par l'enfant, à l'aide de la cuillère à pamplemousse, l'une des deux moitiés en prenant soin de conserver intact le filament blanc au centre de l'orange qui relie les quartiers entre eux ; il servira de mèche. Ce n'est pas très facile et il n'y arrivera pas forcément du premier coup...

Faites-lui ensuite évider l'autre moitié d'orange (ce n'est pas la peine de garder le filament). C'est maintenant à vous de découper des formes (triangles, cercles ou même étoiles) dans cette seconde moitié à l'aide du petit couteau pointu.

Dans la première moitié, faites verser par l'enfant un peu d'huile sur le filament et à la base de celui-ci. Allumez le filament (il va se consumer comme une mèche) et recouvrez avec l'autre moitié d'orange. Vous pouvez faire la même chose avec une clémentine ou un pamplemousse.

Relevez les empreintes
(À partir de 5/6 ans)

Matériel : 1 feuille avec des nervures bien marquées, 1 feuille de papier, 1 crayon tendre ou 1 pastel.

Posez la feuille sur une surface plane. Appliquez la feuille de papier par-dessus et frottez doucement avec le crayon tendre ou le pastel. On obtient de très jolis effets. On peut faire de même avec des écorces d'arbre ou une pièce de monnaie.

Faites vivre la coquille de noix
(À partir de 5/6 ans)

Matériel : 1 carton souple, 1/2 coquille de noix, de la colle, des feutres ou de la peinture.

Reproduisez sur le carton souple le contour de la demi-coquille de noix. Dessinez autour la tête, les pattes et éventuellement la queue de l'animal de votre choix (tortue, coccinelle, araignée, etc.). Découpez ce dessin et collez-le sous la coquille de noix. Il ne reste plus qu'à colorier le tout pour en faire une tortue, un insecte ou une araignée, avec ses pattes très longues (n'oubliez pas que la coccinelle a trois paires de pattes et l'araignée quatre !).

Un porte-torchon
(À partir de 5/6 ans)

Matériel : 6 pinces à linge en bois, 1 petite planche de 40 cm sur 15, 1 tube de colle à bois, 2 attaches pour tableau, des feutres de couleur.

Décorez un seul côté des pinces à linge, puis collez-les sur la planchette, côtés non décorés contre celle-ci. Ensuite, fixez les attaches pour tableau au dos de la planchette.

Et le moulinet se met à tourner
(À partir de 6/7 ans)

Matériel : du papier assez solide, 1 paire de ciseaux à bouts arrondis, 1 agrafeuse, du fil, 1 épingle, 1 bouchon.

Découpez un carré dans le papier et fendez presque jusqu'à la moitié chacune des diagonales. Rabattez un coin sur deux vers le centre et fixez-le en piquant l'épingle d'un côté et en la faisant rentrer dans une rondelle de bouchon de l'autre. N'enfoncez pas complètement l'épingle. Coupez quatre fils de même longueur, puis, à chaque coin du moulinet, passez un fil et, au bout de chaque fil, attachez une fine rondelle de bouchon. Suspendez le moulinet (en ayant fait une attache au bouchon) au-dessus d'un radiateur : il va se mettre à tourner. Vous pouvez alors expliquer à l'enfant que l'air chaud monte toujours et que c'est pour cette raison que le moulinet tourne.

Un tableau de fleurs
(À partir de 6/7 ans)

Matériel : 1 rectangle de tissu ou, mieux, de jute de 20 cm sur 30, du fil, 1 aiguille, 1 baguette de bois de 24 cm de longueur, des morceaux de feutrine de différentes couleurs, 1 crayon, des boutons, de la laine, 1 morceau de ficelle.

Faites un ourlet sur le petit côté du rectangle de tissu, puis insérez-y la baguette. Sur un morceau de feutrine, dessinez au crayon un pot de fleurs et des feuilles, découpez-les et cousez-les sur le tissu au point de surjet. Dessinez des fleurs sur plusieurs morceaux de feutrine de différentes couleurs et fixez-les sur le fond en cousant un bouton au cœur de chaque corolle. Laissez les pétales libres et faites-les éventuellement se chevaucher pour donner de la profondeur au tableau. Confectionnez deux pompons et accrochez-les à chaque bout de la baguette, sur laquelle vous fixerez aussi une ficelle pour la suspension.

Une lampe à huile
(À partir de 7 ans)

Matériel : 1 verre, de l'eau, de l'huile, 1 morceau de ficelle, 1 rondelle de liège assez large et percée en son centre, du papier d'aluminium.

Enveloppez la rondelle de liège dans le papier d'aluminium, passez la ficelle au centre de la rondelle en en laissant dépasser un bout de chaque côté. Versez de l'eau dans le verre, puis de l'huile, et posez la rondelle dessus. La ficelle s'imprègne d'huile. Si on l'allume, elle brûle comme une mèche de bougie. Par mesure de sécurité, allumez vous-même la lampe.
Vous pouvez expliquer à l'enfant que le liège flotte, de même que l'huile qui reste au-dessus de l'eau, et qu'elle brûle, puisque la mèche reste dans l'huile. Mais n'oubliez pas de lui préciser qu'il ne faut pas essayer d'éteindre la flamme en soufflant. Il risquerait d'y avoir des projections d'huile... Pour éteindre la mèche, il suffit de couvrir le verre avec une assiette. N'ayant plus d'air, la bougie va s'éteindre.

Je fabrique ma bougie
(À partir de 7 ans)

Matériel : *des restes de bougie, 1 petit tube en métal (comme les anciens tubes d'aspirine en métal), 1 petit clou, 1 fil de coton, 1 bâtonnet, 1 vieille casserole réservée à cet effet ou, à défaut, 1 boîte de conserve vide en métal.*

Bien entendu, c'est vous qui ferez les différentes étapes de ce bricolage ; il n'est pas question de laisser l'enfant manipuler la cire chaude, mais il fera un très bon assistant et il aura plaisir à vous passer les ustensiles dont vous avez besoin. Faites fondre au bain-marie les restes de bougie dans la casserole ou la boîte de conserve. Attachez le fil au clou et posez celui-ci au fond du tube. L'extrémité du fil doit être tendue ; pour cela, attachez-le au bâtonnet posé au-dessus du récipient. Faites couler la bougie fondue dans le tube en tendant bien la ficelle pendant que la cire se fige ; laissez refroidir. Quand elle est bien solide, démoulez la bougie : faites chauffer un peu le tube en le trempant dans de l'eau bouillante.

Une rose en écorce d'orange
(À partir de 8/10 ans)

Matériel : *1 orange (dont la peau n'est pas trop épaisse), 1 couteau, du ruban adhésif.*

Ce petit bricolage demande une certaine dextérité dans le maniement du couteau, mais le résultat est très joli. Aidez l'enfant à éplucher l'orange en faisant une spirale la plus longue possible. Veillez à ne pas « casser » la peau et à respecter à peu près une largeur de 1,5 centimètre. Enroulez la spirale pour en faire une rosette bien serrée. Maintenez-la au bout par un morceau de ruban adhésif et faites sécher la fleur ainsi obtenue dans un endroit chaud et sec. Ensuite, retirez le morceau de ruban adhésif, puis mettez la rose dans un verre ou une petite coupe. Elle parfumera agréablement la pièce.

Poupée en laine
(À partir de 7/8 ans)

Matériel : 1 morceau de carton de 7 cm sur 16, 1 morceau de carton de 7 cm sur 12, de la laine, des ciseaux.

Pour faire le corps de la poupée, enroulez de la laine autour du grand morceau de carton pour former un écheveau. Une fois qu'il y a suffisamment de laine pour former le corps, nouez un fil en haut de l'écheveau et retirez le carton (1).

Faites de même pour les bras avec le petit morceau de carton. Une fois le carton retiré, nouez un fil à 1 centimètre de chaque extrémité pour former les mains (2).

Reprenez le premier écheveau. Pour faire la tête, à 2 centimètres de l'endroit où vous aviez déjà noué un brin de laine, nouez-en un autre. Sous la tête, passez au milieu de l'écheveau celui qui forme les bras. Fixez l'écheveau par un brin de laine sous les bras et par deux brins de laine sur les côtés, à la hauteur des épaules, pour empêcher les bras de glisser (3).

Si vous souhaitez faire une robe, découpez le bas de l'écheveau. Pour un pantalon, séparez l'écheveau en deux et, à 1 centimètre de la boucle, nouez un brin pour faire les pieds (4).

La poupée est terminée. Vous pouvez maintenant vous amuser à coudre des petits vêtements et à l'habiller.

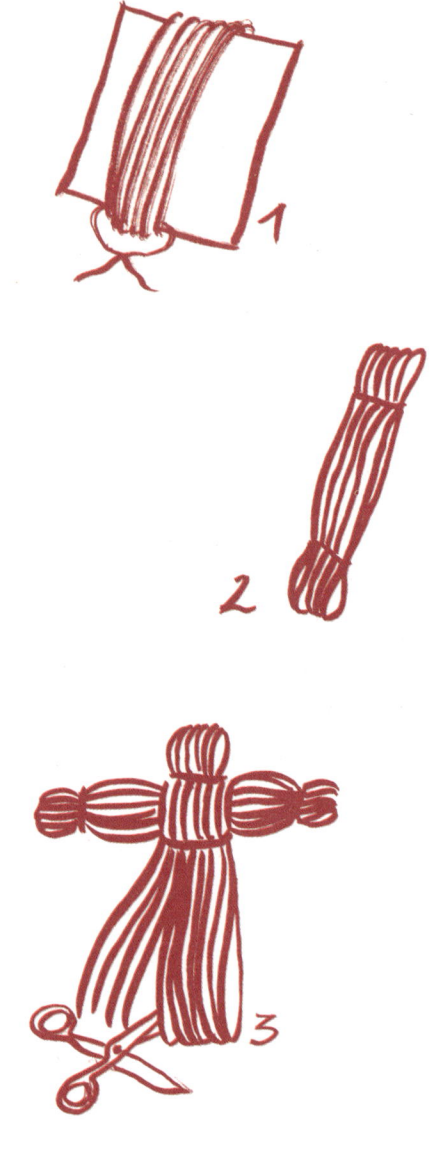

Mon puzzle à moi
(À partir de 4 ans)

Matériel : 1 illustration, 1 carton assez fort, 1 cutter, 1 crayon, colle.

Choisissez avec l'enfant une belle illustration, assez grande. Collez-la sur le carton et tracez-y des lignes qui se croisent en formant des figures géométriques variées. Découpez ensuite l'illustration en suivant les lignes avec le cutter. Attention ! c'est à l'adulte de réaliser cette étape, l'utilisation d'un cutter est trop dangereuse pour être laissée à l'enfant. L'enfant pourra ensuite s'exercer à reformer l'image.

La caresse de l'éventail
(À partir de 7/8 ans)

Matériel : 1 feuille de papier peint de 50 x 25 cm, de la ficelle, 2 baguettes de 50 cm.

Pliez la feuille de papier peint en accordéon, dans le sens de la longueur, en faisant des pliures tous les centimètres. Il faut qu'elles soient bien régulières. Ensuite, nouez une ficelle au milieu de l'accordéon et pliez-le en deux. Collez une baguette de 50 centimètres sur chacun des deux bords extérieurs. Chaque baguette dépasse l'accordéon de 25 centimètres. Collez ensemble les deux bords intérieurs du papier plié. Attendez que cela soit sec avant de vous en servir.

Allô, tu m'entends ?
(À partir de 6/7 ans)

Matériel : 2 pots (style pots à yaourt en carton ou en plastique), 1 ficelle de 7 à 8 m de long, 1 paire de ciseaux.

Creusez un petit trou au fond des pots à l'aide de la pointe des ciseaux, passez un bout de ficelle dans les deux pots, en veillant à ce que les pots soient orientés partie ouverte vers l'extrémité de la ficelle (et non vers son centre). Faites un nœud à l'intérieur des pots pour empêcher la ficelle de ressortir. Tendez la ficelle. Votre téléphone est prêt à recevoir et à transmettre.

Un cadre avec ma photo
(À partir de 6/7 ans)

Matériel : 2 rectangles de carton rigide de 15 cm sur 20, 1 crayon, 1 règle, 1 cutter, des feutres, coquillages, pâtes ou brins de laine, colle, 1 attache de tableau.

Dans l'un des deux rectangles de carton, à l'aide du cutter, découpez un rectangle de 9 centimètres sur 14 bien centré. Bien sûr, ne laissez pas le cutter à l'enfant, c'est à l'adulte de s'en servir. C'est l'enfant qui décorera le pourtour avec des dessins ou en collant dessus coquillages, pâtes ou brins de laine. Collez le second carton au dos du premie en laissant une ouverture sur un côté. Fixez-y une attache et glissez dans le cadre une jolie photo.

Un aquarium
(À partir de 8/9 ans)

Matériel : 1 boîte à chaussures avec son couvercle, 1 crayon, 1 règle, 1 cutter, de la peinture, des feuilles de papier Canson, du fil assez solide, du ruban adhésif, des cailloux, un peu de sable, des coquillages, des petits cailloux.

Dans le couvercle de la boîte, tracez un rectangle à 2 centimètres du bord. Découpez ce rectangle au cutter. C'est à l'adulte de réaliser cette étape. Peignez en noir l'extérieur du couvercle qui est maintenant percé.
Sur le rectangle qui a été découpé dans le couvercle, peignez des poissons selon votre imagination et découpez-les.
Posez la boîte à chaussures avec l'ouverture face à vous. Vous allez maintenant la peindre à l'intérieur. Peignez les trois côtés en bleu pour faire croire à de l'eau de mer ; dessinez-y quelques algues vertes. Peignez aussi le haut en bleu. Peignez le fond en jaune pour imiter le sable. Pour faire plus vrai, vous pouvez y mettre une couche de colle et le saupoudrer de sable. Attendez bien que tout soit sec.
Pendant ce temps, dans le papier Canson, dessinez et découpez des algues que vous collerez sur le sable. Collez-y aussi des coquillages et des petits cailloux.
Passez un fil dans les poissons que vous avez découpés et suspendez-les entre les algues. Faites passer ce fil sur le haut de la boîte et fixez-le avec du ruban adhésif.
Fixez le couvercle sur la boîte.

Roule ta bille
(À partir de 8 ans)

Matériel : 1 baguette de 5 cm de large et de 30 cm de long, 1 bille.

À l'une des extrémités de la baguette, creusez un trou d'un diamètre légèrement inférieur à celui de la bille. Le jeu consiste à incliner la baguette pour dégager la bille, la faire rouler le long de celle-ci et récupérer la bille dans la main. Si l'enfant y parvient facilement, fabriquez une deuxième baguette et proposez-lui de jouer en ayant une baguette dans chaque main.

Touche pas à mes cerises
(À partir de 8/9 ans)

Matériel : des boîtes de conserves vides, 1 tire-bouchon, de la ficelle, 1 piton.

Cette cloche sera très utile pour faire fuir les oiseaux gourmands de cerises… Percez un trou dans le fond de chaque boîte avec l'extrémité du tire-bouchon. Faites-y passer une ficelle (la partie qui sort de la boîte doit être assez longue pour pouvoir la fixer à une branche flexible au milieu des fruits) et arrêtez-la par un nœud à l'intérieur de la boîte, puis attachez un gros piton à l'intérieur de la boîte : il fera office de battant. Les oiseaux, en venant se poser sur la branche, bougeront la boîte, qui fera office de cloche. Le bruit les effraiera, ils ne s'attarderont pas et laisseront votre récolte intacte.

Un bracelet brésilien
(À partir de 7 ans)

Matériel : 3 brins de coton de 1 m de long de couleurs différentes, 1 clé avec un trou.

Deux enfants se mettent face à face. Réunissez les trois fils et tendez-les, puis remettez une extrémité à chacun des enfants. Chacun roule les fils dans le sens opposé de son partenaire. Quand les brins sont bien enroulés, un des joueurs prend la clé, y enfile son bout et la ramène vers le milieu. Attention ! pendant tout ce temps, les fils doivent rester enroulés et bien tendus. Puis, l'enfant réunit son bout avec celui de son partenaire et lâche la clé, ce qui entraîne l'enroulement du bracelet. Quand la clé a fini de tourner, l'enfant fait un nœud du côté où il n'y a pas la clé ; de l'autre côté, il fait un nœud avant la clé pour pouvoir couper le bracelet et dégager la clé. Il ne reste plus qu'à ajuster le bracelet à son poignet.

Expérimentons

L'AIR ET L'EAU

Dans ma baignoire
(À partir de 4 ans)

Dans une baignoire bien remplie, que de jeux et d'expériences !
Quand on enfonce une petite bouteille en plastique dans l'eau, le goulot en bas, l'eau ne monte pas dans la bouteille, quelque chose l'en empêche : elle est déjà pleine d'air. Quand on tourne la bouteille le goulot vers le haut, l'air s'en échappe en faisant des bulles, et la bouteille se remplit d'eau.
Remplissez la bouteille d'eau à ras bord, bouchez-la avec la main et mettez-la à l'envers dans l'eau. La bouteille ne se videra pas. Introduisez-y une paille coudée, la bouteille étant toujours dans l'eau, et soufflez dans la paille. L'air chassera l'eau de la bouteille et la bouteille remontera à la surface.
Faites flotter une bouteille vide, puis remplissez-la d'eau progressivement. Vous la verrez s'enfoncer petit à petit. Quand il n'y aura plus d'air dans la bouteille, elle coulera.
Un autre jeu consiste à pousser d'un bout à l'autre de la baignoire une petite balle de ping-pong en soufflant dessus.

Oh, la belle bulle !
(À partir de 4/5 ans)

Matériel : *du fil de fer, 3 volumes d'eau, 1 volume de liquide vaisselle, 2 volumes de glycérine (elle n'est pas indispensable, mais elle rend les bulles plus solides), 1 récipient, 1 paille.*
Dans le récipient, mélangez l'eau, le liquide vaisselle et la glycérine. Au bout du fil de fer, faites une boucle fermée de 1 à 2 centimètres de diamètre. Trempez la boucle dans l'eau savonneuse et soufflez.
Si on réussit une grosse bulle, le grand-parent pourra y introduire avec une paille une seconde bulle, à condition d'avoir assez de souffle pour ne pas laisser s'envoler la première.

L'eau gelée prend ses aises
(À partir de 5 ans)

Matériel : 1 barquette vide avec son couvercle.

Remplissez la barquette à ras bord d'eau, refermez-la avec le couvercle et mettez-la au congélateur. En gelant, l'eau fait sauter le couvercle ! De même, une bouteille en verre, pleine d'eau et bouchée, éclate dans le congélateur si elle n'a pas eu assez de force pour faire sauter le bouchon.

Explication : l'eau gelée occupe plus de volume que l'eau liquide. Voilà pourquoi, en hiver, il faut protéger les canalisations.

Le trombone flotte
(À partir de 5 ans)

Matériel : 1 verre plein d'eau, 1 grand trombone, 1 bout de papier genre papier buvard ou papier absorbant.

Demandez à l'enfant de mettre le trombone dans le verre d'eau. Il coule... Retirez le trombone de l'eau. Posez délicatement le papier sur l'eau, déposez-y le trombone. Très vite le papier se gorge d'eau et coule au fond, alors que le trombone flotte. Bien sûr, il faut d'abord laisser l'enfant expérimenter avec le trombone seul.

Explication : l'eau a comme une peau. Le papier s'est gorgé d'eau et a coulé, mais le trombone n'a pas déchiré la peau de l'eau : il flotte. C'est le principe du parapluie ou de la tente de camping : tant qu'on n'écrase pas une goutte d'eau, elle ne traverse pas le tissu ; il suffit de « briser la peau de l'eau » et elle traverse.

Le glaçon au bout du fil
(À partir de 5/6 ans)

Matériel : 1 verre d'eau, 1 glaçon, 1 brin de laine, du sel.

Placez un glaçon dans un verre d'eau bien rempli. Faites passer un brin de laine sur le glaçon et saupoudrez-le de sel. Attendez un bon quart d'heure, et vous pourrez soulever le glaçon avec le bout de laine.

Explication : le sel a fait un peu fondre la glace, puis le glaçon s'est reformé et a emprisonné la laine, ce qui permet de soulever le cube.

Besoin d'air ?
(À partir de 6 ans)

Matériel : 3 bougies de même taille, 3 bocaux de taille différente.

Allumez les bougies, puis recouvrez-les des trois bocaux. Quelle bougie brûlera le plus longtemps, et pourquoi ?

Explication : pour qu'il y ait combustion, il faut qu'il y ait de l'oxygène et, dans l'air, il y en a. Lorsque tout l'oxygène contenu à l'intérieur du bocal a été utilisé, la bougie s'éteint. Plus le bocal est grand, plus il y a d'air. Et plus il y a d'air, plus il y a d'oxygène, et plus la bougie brûle longtemps.
À partir de 6 ans, vous pouvez lui montrer ce curieux phénomène et, à partir de 9/10 ans, vous pouvez lui en donner l'explication.

L'eau monte toute seule !
(À partir de 6/7 ans)

Matériel : 1 assiette creuse, 1 verre haut, 1 petite bougie, 2 pièces de monnaie.

Allumez la bougie et fixez-la à l'assiette avec un peu de cire. Renversez le verre sur la bougie allumée en prenant soin de le faire reposer sur les pièces de monnaie. Mettez de l'eau au fond de l'assiette. Quand la bougie aura brûlé un certain temps, elle s'éteindra, mais, auparavant, vous aurez pu observer l'eau montant progressivement dans le verre.

Explication : en brûlant, la bougie a consommé de l'oxygène. L'eau qui monte dans le verre remplace l'oxygène manquant.

Illusion d'optique
(À partir de 6/7 ans)

Matériel : 1 paille ou 1 bâtonnet, 1 verre rempli d'eau.

Trempez la paille ou le bâtonnet dans le verre d'eau. Demandez à l'enfant de reculer et d'observer le bâtonnet : celui-ci paraît brisé au contact de l'eau.

Explication : en passant de l'air dans l'eau, la lumière est déviée car l'eau ralentit sa progression.
Si l'enfant regarde un poisson dans un aquarium, il paraît plus près de la surface qu'il ne l'est en réalité ; c'est aussi valable pour le pêcheur, qui doit ajuster la hauteur de son hameçon.

Un arc-en-ciel à domicile
(À partir de 7/8 ans)

Matériel : 1 feuille blanche, du ruban adhésif, 1 assiette creuse remplie d'eau, 1 miroir.

Dans une pièce ensoleillée, installez-vous à côté d'une fenêtre par laquelle le soleil pénètre et fixez la feuille blanche sur le mur. Dans une assiette creuse remplie d'eau et placée au soleil, immergez à moitié un petit miroir et envoyez le reflet sur la feuille blanche. Les couleurs de l'arc-en-ciel y apparaissent.

Je fais flotter un œuf dur
(À partir de 7/8 ans)

Matériel : 1 œuf dur, 1 verre d'eau, du sel.

Plongez l'œuf dans l'eau, il coule. Salez l'eau (environ 4 cuillerées à café) et l'œuf remonte à la surface !

Explication : le poids de l'eau douce est plus faible que celui de l'œuf. En revanche, l'eau salée a un poids supérieur et la force d'Archimède pousse l'œuf vers le haut. C'est pour cela qu'on nage beaucoup plus facilement dans la mer que dans l'eau douce. Au point que dans la mer Morte, la plus salée du monde, on flotte même lorsqu'on ne sait pas nager !

Force centrifuge
(À partir de 7/8 ans)

Matériel : 1 petit seau rempli d'eau.

Faites tourner le seau très vite à bout de bras et à la verticale, comme une grande roue. Pas une goutte d'eau n'est perdue !

Explication : l'eau est plaquée au fond du seau par la rotation. À l'inverse, si le seau était troué, l'eau s'échapperait par les trous (c'est le principe de l'essoreuse à salade ou du lave-linge).

Un couvercle magique
(À partir de 7/8 ans)

Matériel : 1 verre à moutarde rempli d'eau, 1 feuille de papier.

Posez le papier sur le verre plein d'eau et renversez le tout. Le papier reste collé contre le verre, aucune goutte ne tombe.

Explication : la pression de l'air est plus forte que la pression de l'eau ; elle plaque donc le papier contre le verre.

FACÉTIES ET MYSTÈRES DU CORPS

Exploits sur une seule jambe
(À partir de 4/5 ans)

Demandez à l'enfant de se tenir debout sur une jambe, de replier légèrement la seconde et de garder l'équilibre en bougeant sa jambe pliée. Pour commencer, il a le droit de garder ses bras écartés du corps comme des balanciers. Plus difficile, il ramène ses bras le long du corps. Encore plus difficile, il ferme les yeux. Là, il a de fortes chances de ne pas se tenir.

Explication : le cerveau a besoin d'informations visuelles ; en fermant les yeux, on l'en prive.

Doigt collé
(À partir de 5 ans)

Posez une main à plat sur la table, puis demandez à l'enfant de lever un doigt après l'autre sans bouger la paume de sa main. Facile. Faites-lui replier le majeur et demandez-lui de lever son annulaire. Impossible.

Explication : c'est le même tendon qui relie les deux doigts. Donc, en bloquant l'un, on bloque aussi l'autre. Le cerveau a beau donner l'ordre de lever le doigt, l'action ne peut être exécutée.

Image en miroir
(À partir de 6 ans)

Demandez à l'enfant de faire une série de gestes tels que lever la main droite, fermer l'œil gauche, se gratter l'oreille droite, hausser l'épaule droite, en prenant soin de toujours spécifier « droite » ou « gauche ». Quand vous serez sûr qu'il ne se trompe pas, demandez-lui de refaire les mêmes gestes devant le miroir. Évidemment, le miroir lui renvoie l'image inversée : quand il lève la main droite, le miroir lui renvoie son image levant la main gauche, ce qui va le perturber. Ensuite, mettez-vous en face de lui et demandez-lui de reproduire vos gestes, mais sans lui donner d'ordres. Vous verrez qu'au début, privé du support de la voix, il sera tenté de lever le bras gauche, alors que vous faites le geste avec le bras droit. Il lui faudra un certain temps avant de rectifier mentalement.

Un trou dans la main !
(À partir de 5/6 ans)

Matériel : 1 tube en carton (type rouleau de papier aluminium).

Proposez à l'enfant de regarder avec un œil dans le tube ; l'autre œil regarde la paume de la main qui est collée contre le tube. Il verra une drôle d'image : sa main sera comme percée d'un trou.

Explication : chaque œil transmet « son » image au cerveau, mais le pauvre cerveau, qui est habitué à recevoir les images des deux yeux regardant la même chose, est, cette fois, abusé !

Mes doigts ne m'obéissent plus !
(À partir de 6 ans)

Demandez à l'enfant de tendre ses bras en avant, de les croiser, puis de mettre ses mains paume contre paume et d'entrelacer ses doigts. Sans lâcher cette position, il ramène ses mains sous le menton en pliant les coudes. Demandez-lui alors de bouger tel ou tel doigt (vous lui en désignez un en le pointant du doigt, mais sans le toucher). C'est très difficile.

Explication : son cerveau ne reçoit plus d'informations fiables, car ses yeux ne savent plus bien distinguer sa main droite de sa main gauche.

Froid ou chaud ? Le cerveau se trompe
(À partir de 6/7 ans)

Matériel : 1 verre rempli d'eau à 45 °C, 1 verre rempli d'eau à 25 °C, 1 verre rempli d'eau froide du robinet.

Demandez à l'enfant de tremper un de ses index pendant 1 minute dans le verre d'eau chaude, et l'autre simultanément dans l'eau froide. Faites-lui ensuite tremper ses deux index dans l'eau tiède. Ses doigts sont en contact avec la même température ; pourtant, ce n'est pas l'impression qu'il a ! Le « doigt froid » ressent le chaud et le « doigt chaud » le froid, alors qu'ils sont tous les deux dans le même verre à 25 °C !

AUTRES EXPÉRIENCES

Reconnaître un œuf dur d'un œuf frais
(À partir de 5/6 ans)

Vous venez de faire cuire des œufs durs, mais ils ont été mélangés par inadvertance avec des œufs frais ! Comment les distinguer ? Il suffit de les faire tourner sur eux-mêmes, puis de les immobiliser en posant rapidement le bout du doigt dessus et en le retirant aussitôt. Si l'œuf est dur, il ne bougera plus ; s'il est frais, il se remettra à tourner dès que le doigt sera enlevé.

Explication : l'œuf frais, contenant des masses non figées (blanc et jaune), continuera à tourner, car le doigt n'a fait que stopper la rotation de la coquille.
Voilà pourquoi il faut attacher sa ceinture en voiture et ranger tous les objets susceptibles de voler. La voiture étant un objet solide, elle s'arrête quand elle est freinée par un obstacle. Mais, à l'intérieur, les passagers et les objets continuent à avancer à la même vitesse que celle de la voiture avant l'impact.

Le verre chantant
(À partir de 6 ans)

Matériel : 1 verre en cristal et un peu d'eau.

Demandez à l'enfant de mouiller un peu son doigt et de le faire glisser sur le bord du verre, sans appuyer trop fort. Le verre va se mettre à chanter. Versez de l'eau dans le verre : le son change. Ajoutez encore de l'eau : le son change encore. Le son varie en fonction de la quantité d'eau présente dans le verre. À lui de faire de la musique !

Où en est la Lune ?
(À partir de 7 ans)

Comment savoir, quand la Lune se présente comme un croissant, si c'est le premier quartier ou le dernier quartier ? Lorsque, en reliant les deux pointes par un trait et en prolongeant ce trait vers le haut, on forme un « d », c'est que c'est le dernier quartier : la Lune est décroissante. Si, en revanche, lorsqu'on relie les deux pointes et qu'on prolonge le trait vers le bas, cela donne un « p », c'est le premier quartier : la Lune est croissante.

Top secret
(À partir de 7/8 ans)

Matériel : 1 citron pressé, 1 plume taillée ou 1 porte-plume avec une plume métallique, du papier blanc, 1 lampe.

Écrivez la lettre avec le jus du citron en guise d'encre. Pour la lire, il faut la passer devant une source de chaleur. Celle-ci fait brunir le jus et le message apparaît.

Jouons à faire comme les grands

Je lis dans un miroir
(À partir de 7/8 ans)

Matériel : 1 feuille de papier carbone, 1 feuille blanche, 1 bâtonnet.

Posez le papier carbone sur la table, côté carbone vers vous. Placez la feuille blanche dessus. Écrivez sur la feuille avec le bâtonnet. Le texte qui apparaît au dos de la feuille ne sera lisible qu'avec l'aide d'un miroir. Placez le miroir à côté de la feuille et lisez le texte dans celui-ci.

Je calcule la distance des éclairs
(À partir de 9/10 ans)

Il faut compter le temps écoulé entre le moment où l'on voit l'éclair et celui où l'on entend le tonnerre, puis diviser le temps par 3. On obtient la distance de l'éclair en kilomètres.

Explication : la lumière se propage plus vite que le son. En 3 secondes, le bruit parcourt environ 1 kilomètre.

Dans ma maison
(À partir de 4/5 ans)

Encouragez l'enfant à s'occuper seul en se fabriquant sa propre maison. Pour cela, dans la même pièce que vous, libérez le périmètre autour de la table. Sur celle-ci, jetez une grande couverture ou un grand drap, qui touche le sol. Il ne lui reste plus qu'à y installer sa maison et à y ramener ses jouets, des coussins, des livres. Confiez-lui une lampe électrique pour éclairer son intérieur. Puis, venez lui rendre visite en lui apportant une friandise pour le goûter, et partagez-la avec lui à quatre pattes dans sa nouvelle maison.

Regarde mon déguisement !
(À partir de 5/6 ans)

Il vous faut un stock de vêtements d'adultes : écharpes, pantalons, pulls, chemises, jupes, chapeaux, chaussettes, chaussures, etc. Donnez à chaque enfant le même nombre de vêtements. Au top départ, chaque enfant doit s'habiller avec tous les vêtements mis à sa disposition. Le premier qui a tout enfilé doit vous rejoindre dans la pièce voisine en marchant à reculons dans ses vêtements trop grands. Il est déclaré vainqueur. N'oubliez pas de prendre une photo !
Vous pouvez prolonger le jeu en demandant aux enfants de se déguiser, puis d'imaginer une histoire et de la mettre en scène pour vous.

Dessinons

Ne lésinons pas sur les crayons

Les enfants aiment dessiner. Laissez toujours à leur disposition crayons à papier, crayons de couleur et feutres, et investissez dans un bloc de papier blanc à spirale. Lorsque le dessin sera terminé, vous pourrez ainsi facilement arracher la page pour le conserver, ou alors tourner la page pour que l'enfant y commence un autre dessin.

Laissez-le dessiner ce qui lui plaît, de la manière dont il voit les choses. Tant pis si l'herbe est rouge et si les personnages sont verts !
Une fois le dessin terminé, demandez-lui de vous expliquer ce qu'il représente ; c'est toujours très intéressant et cela lui permet de développer son vocabulaire. Prenez le temps d'écouter, intéressez-vous à son œuvre et à ce qu'il a voulu représenter, et, s'il vous l'offre, mettez-la en bonne place sur un mur de votre appartement ou, avec un aimant, sur la porte du réfrigérateur. N'oubliez pas de noter son nom et la date au dos. Si sa production devient trop importante, rangez-en une partie dans un classeur mais, surtout, n'en jetez aucun. Dans quelques années, il vous en sera reconnaissant, quand il les redécouvrira !
Quand l'enfant est déjà un peu plus grand, vers 7/8 ans, emmenez-le au zoo pour dessiner les animaux. Offrez-lui pour l'occasion un petit carnet à spirale et un nouveau crayon. Vous allez voir combien il s'appliquera et sera heureux !

De la tête aux pieds
(À partir de 7/8 ans)

Donnez à chaque enfant une feuille de papier. Demandez à chacun de dessiner la tête et le cou d'un personnage, puis de replier sa feuille pour ne laisser apparaître que le cou, et enfin de passer sa feuille à son voisin. Celui-ci doit ensuite dessiner le buste, les bras et la naissance des jambes, puis replier à nouveau la feuille pour ne laisser apparaître que le haut des jambes. L'enfant suivant finira de dessiner les jambes du personnage, puis donnera sa feuille à son voisin qui écrira en dessous le nom du personnage.

Abracadabrons

Voyant extralucide
(À partir de 7/8 ans)

Matériel : quelques pièces de monnaie.

Posez sur la table en face de vous les pièces de monnaie. Expliquez que vous allez quitter la pièce et que, pendant ce temps, ceux qui resteront à table devront choisir une pièce dans le tas, bien la frotter dans leurs mains, la passer au voisin qui fera la même chose, et ainsi de suite. Tout en la frottant, ils lui communiqueront leur fluide. Lorsqu'ils auront tous manipulé la pièce, ils la replaceront au milieu des autres et vous appelleront. Passez vos mains sur les pièces : celle qui aura été manipulée sera tiède au toucher alors que les autres seront restées froides. Vous retrouverez facilement la pièce chargée de fluide.

Par ici, la monnaie !
(À partir de 7 ans)

Matériel : 1 verre, 2 pièces de 1 euro et 1 pièce de 1 ou 2 centimes, 1 table recouverte d'une nappe.

Ce petit jeu plaît beaucoup aux enfants quand ils commencent à s'ennuyer au cours d'un interminable repas de famille. Placez la pièce de 1 ou 2 centimes sous le verre renversé. Le verre ne doit pas toucher la table ; pour cela, faites-le reposer sur les pièces de 1 euro. Grattez doucement la nappe près du bord du verre : vous allez voir que la pièce qui se trouve sous le verre avance lentement vers vous.

C'est le valet de cœur !
(À partir de 10 ans)

Matériel : 21 cartes prélevées dans un jeu de cartes (n'importe lesquelles).

Distribuez les cartes en trois tas, faces visibles. Demandez au partenaire de choisir dans sa tête une carte au hasard pendant que vous les distribuez. Une fois que toutes les cartes ont été distribuées, demandez-lui dans quel paquet elle se trouve. Reprenez les trois paquets en main, en mettant celui dans lequel se trouve la carte mémorisée par le partenaire au milieu. Reformez trois tas et demandez-lui dans quel paquet se trouve maintenant la carte. Recommencez l'opération jusqu'au moment où la carte se trouve deux fois de suite dans le même paquet. Reprenez les cartes, le paquet où se trouve la carte toujours au milieu. Comptez dix cartes en partant de celle du dessus. La onzième sera celle mémorisée par le partenaire.

Muséons

Je vois à travers les dés
(À partir de 8/9 ans)

Matériel : *3 dés.*

Demandez à l'enfant d'empiler les trois dés, pendant que vous quittez la pièce. Dites-lui qu'à votre retour, vous allez deviner la somme des cinq faces cachées des dés. Faites semblant de vous concentrer très fort. Puis donnez-lui le résultat. Faites-le-lui vérifier. Il sera stupéfait. L'astuce est simple : on sait que la somme des faces opposées d'un dé est toujours égale à 7. Les faces opposées des trois dés font 21. Lorsque trois dés sont superposés, on a cinq faces cachées et une apparente. Il suffit donc de déduire le chiffre apparent de 21 pour avoir la somme demandée. C'est un bon moyen pour faire apprendre à l'enfant les additions sans rechigner, tellement il sera pressé de voir si vous ne vous êtes pas trompé.

Mon mari, nos petits-enfants et moi avons passé des vacances à Saintes, en Charente-Maritime, où il y a un magnifique musée de sculptures gallo-romaines. Nos quatre petits-enfants sont restés assis par terre, chacun devant ce qui l'intéressait le plus, pendant tout un après-midi, à dessiner des sculptures, et la responsable du musée en personne est venue pour les féliciter et admirer leurs œuvres ! Nous n'étions pas peu fiers !

On n'a pas toujours autant de chance et, au début, les enfants n'aimaient pas beaucoup aller dans les musées. Mais, depuis que nous avons découvert que certains musées proposaient des parcours pour enfants avec des questionnaires à remplir, ils sont plus enthousiastes.

Un petit conseil, donc : demandez toujours à l'accueil s'il y a un questionnaire pour les enfants (on ne le donne pas encore systématiquement aux particuliers). Ces questionnaires, qui servent de fil conducteur à la visite, proposent aux enfants d'observer les œuvres et de répondre à des questions en fonction de leurs observations. Les enfants cherchent les réponses un peu comme s'il s'agissait d'une chasse au trésor.

S'il n'y a pas de questionnaire, choisissez un thème pour votre visite ; n'essayez pas de tout regarder. Si vous vous trouvez devant un tableau à connotation historique, replacez-le dans son contexte ; si c'est une scène de chasse, par exemple, repérez un petit détail (oiseau, lapin, fleur...) et demandez aux enfants de le retrouver dans le tableau. Demandez-leur de se projeter dans le tableau et de continuer l'histoire. Posez-leur des questions ; mieux vaut ne voir que deux ou trois tableaux, mais en s'y intéressant, plutôt que survoler le musée en ne mémorisant rien.

Il y a aussi des animations spécialement destinées aux enfants. N'hésitez pas à les y inscrire, ils en reviennent en général enchantés. Dès l'entrée du musée, renseignez-vous sur les salles et les horaires des démonstrations.

recetas

Les recettes

Cuisiner fait tellement plaisir aux enfants ! Tant pis si, après, la cuisine ressemble à un champ de bataille ! L'enthousiasme de votre petit vous récompensera largement de toutes vos peines. Voici quelques recettes que vous pourrez faire pour vos petits-enfants, ou préparer en leur compagnie.

Prenez tout de même quelques précautions avant de commencer.

• Assurez la sécurité de l'enfant. Pour que les plus petits puissent travailler facilement, il faut qu'ils soient à la hauteur du plan de travail. Installez donc votre petit-fils ou votre petite-fille debout ou à genoux sur une chaise. Veillez à ce qu'elle soit bien stable. Si la table est adossée à un mur, tant mieux : l'enfant sera protégé de ce côté ; vous vous mettrez de l'autre côté et vous pourrez ainsi l'empêcher de tomber ou l'aider à redescendre de sa chaise.

• « Enroulez » le petit dans un bon grand tablier bien couvrant.

• Avant de commencer, faites-lui se laver les mains soigneusement.

Quant aux différentes activités possibles, c'est à vous de voir. Si vous avez surévalué l'enfant, ne vous énervez pas, ne le mettez pas en situation d'échec.
Voici ce que l'enfant fait avec plaisir :

• **Peser les ingrédients.** Pour cela, ma vieille balance à deux plateaux me sert bien. J'ajoute sur chaque plateau un récipient assez large, je rééquilibre mes plateaux, puis, dans l'un des récipients, je mets les poids – si l'enfant est plus grand, c'est lui qui calcule et qui les installe. Avec une cuillère, l'enfant peut alors mettre la farine ou le sucre dans l'autre récipient.

• **Casser les œufs.** Il faut déjà être un peu plus grand pour casser des œufs et je ne parle même pas de séparer les blancs des jaunes. Pour éviter trop d'éclats de coquille, faites-lui casser les œufs l'un après l'autre dans un bol, vérifiez avec lui à chaque fois qu'il n'y a pas d'éclats (sinon on va à la pêche…), puis incorporez l'œuf à la pâte.

• **Battre les blancs en neige.** Vous avez peut-être un robot, mais c'est beaucoup plus amusant avec le batteur électrique à fouets. Commencez les opérations, puis laissez à l'enfant la responsabilité de tenir les fouets dans les blancs qu'il verra monter en neige.

Il saura très vite qu'il faut y ajouter une pincée de sel avant de commencer...

• **Battre à la fourchette les œufs et le sucre.** Par contre, je vous conseille d'ajouter vous-même le lait ou la crème...

• **Graisser les moules.** Laissez-le étaler le beurre à la main, en lui recommandant d'en mettre partout.

• **Faire des tartelettes avec les chutes de pâte à tarte.** Si vous devez étaler de la pâte au rouleau, je vous conseille de le faire vous-même. Mais, pour que votre petit-fils ou votre petite-fille s'entraîne au maniement du rouleau à pâtisserie, réservez-lui les restes de pâte et donnez-lui le rouleau quand vous avez fini : il fera lui-même les tartelettes. Avec plus ou moins de facilité. Il y a des enfants qui y arrivent très tôt (vers 6 ans), d'autres un peu plus tard.

• **Découper des motifs avec des petits moules.** Les plus faciles sont ceux qui sont évidés dans le centre : on peut dégager la pâte plus facilement. Les formes simples (cœurs, losanges, étoiles...) sont faciles à manipuler et l'enfant pourra poser les formes découpées dans la pâte sur la plaque.

• **Faire des petits tas** (si vous faites des macarons, par exemple). Évidemment, l'enfant se servira plus facilement de ses mains que de deux petites cuillères. Recommandez-lui bien de faire des tas les plus réguliers possibles, pas trop grands ni trop petits.

• **Déposer les fruits sur un fond de tarte.**

• **Glacer des petits gâteaux.** Faites-lui disposer les petits gâteaux sur une feuille de papier d'aluminium (pour protéger la table). Pendant ce temps, préparez le glaçage. Il l'étalera sur chaque gâteau avec un pinceau plat.

• **Décorer un gâteau** avec des smarties, des pépites de chocolat, du sucre glace... Laissez-le faire à son idée. Saupoudrer un gâteau de sucre glace est très facile : mettez-en un peu dans une petite passoire qu'il tiendra avec une main pendant qu'avec l'autre, il tournera dans le sucre.

• **Goûter en général et nettoyer le saladier** (avec ses doigts, bien entendu).

Les recettes salées

Briks au fromage

INGRÉDIENTS POUR 5 PERSONNES :
10 feuilles de brik
12 portions de Vache qui Rit®
50 g de gruyère râpé
2 grosses pommes de terre
2 œufs
1 cuillerée à soupe de persil
ou de ciboulette ciselé
1/2 cuillerée à café de muscade râpée
(facultatif)
Huile pour la friture
Sel
Poivre

Faites cuire les pommes de terre à l'eau avec leur peau (environ 20 minutes) et faites durcir les œufs (environ 10 minutes). Épluchez les pommes de terre. Râpez les pommes de terre et les œufs (la petite râpe à gruyère manuelle fait merveille et amuse beaucoup les petits). Incorporez les fromages, le persil ou la ciboulette, et éventuellement la muscade. Salez, poivrez. Mélangez bien.
Coupez une feuille de brik en deux, farcissez-la avec 1 cuillerée à café de farce, puis repliez-la en forme de triangle (en vous aidant des schémas qui ne manquent jamais de figurer sur les paquets de brik).
Renouvelez l'opération avec les autres briks. Faites-les cuire juste avant de passer à table dans une poêle avec de l'huile bien chaude. Bien sûr, ne laissez pas les enfants le faire... Pour vérifier que l'huile est à la bonne température, jetez-y un petit bout de pâte. Quand des bulles se forment, vous pouvez y mettre les briks. Dès qu'elles seront dorées d'un côté (au bout de 2 minutes environ), retournez-les et faites cuire pendant encore environ 1 minute, jusqu'à ce qu'elles soient bien dorées.
Posez-les sur un papier absorbant à la sortie de la poêle.
Servez tout de suite.

Cake au thon

INGRÉDIENTS POUR 6 PERSONNES :
280 g de thon au naturel
100 g d'olives vertes dénoyautées
150 g de gruyère râpé
5 œufs
50 cl de lait
L'équivalent d'une demi-baguette rassise
1 cuillerée à soupe d'estragon ciselé
Chapelure pour le moule
Beurre pour le moule
Sel
Poivre

Dans un saladier, battez les œufs, ajoutez le lait, salez, poivrez et mélangez. Coupez la demi-baguette en tronçons de 3 à 4 centimètres et faites-les tremper dans le mélange œufs et lait. Ajoutez ensuite le thon émietté avec son jus, les olives vertes, le gruyère et l'estragon ciselé.

Versez la préparation dans un moule à cake de 25 centimètres sur 10 environ préalablement beurré et saupoudré d'un peu de chapelure.

Faites cuire au four à 180 °C (th. 6) pendant 25 à 30 minutes. Pour vérifier sa cuisson, vous pouvez planter la pointe d'un couteau dans le cake ; elle doit ressortir sèche.

Démoulez quand le cake a un peu refroidi, au bout d'environ 20 minutes.

Ce cake se mange tiède ou froid. Il se conserve 2 jours au réfrigérateur.

Œufs farcis

INGRÉDIENTS POUR 5 PERSONNES :
5 œufs
1/2 tasse de mayonnaise
1 cuillerée à café de moutarde
2 cuillerées à soupe de fines herbes ciselées (ciboulette, estragon, persil…)
5 belles feuilles de laitue

Faites durcir les œufs. Écalez-les (les enfants seront ravis de le faire). Coupez-les en deux et sortez les jaunes.
Écrasez les jaunes à la fourchette, ajoutez la mayonnaise, la moutarde et les fines herbes hachées.
À l'aide d'une petite cuillère, remettez la farce ainsi obtenue dans les blancs.
Servez sur les feuilles de laitue.

Croûtes au fromage

INGRÉDIENTS POUR 4 PERSONNES :
8 tranches de pain de mie de 1,5 cm d'épaisseur
Beurre
4 lamelles de gruyère
2 tranches de jambon
Chapelure

Pour la béchamel au fromage :
2 cuillerées à soupe de farine
80 g de gruyère râpé
20 g de beurre
25 cl de lait

Préparez la béchamel. Faites fondre le beurre à feu doux dans une casserole, puis ajoutez la farine et faites-la cuire 1 minute environ. Versez le lait d'un seul coup, puis faites épaissir à feu doux. Ajoutez le gruyère râpé et mélangez.
Beurrez un côté de chaque tranche de pain et mettez-les à revenir dans une poêle, côtés beurrés en dessous.
Disposez les tranches de pain revenues, côtés beurrés en dessous, dans un plat allant au four et recouvrez-les généreusement de béchamel.
Disposez ensuite sur chaque tranche de pain un quart de tranche de jambon et une lamelle de gruyère. Saupoudrez de chapelure.
Faites gratiner au four en position gril en mettant le plat dans la partie haute du four.
Servez aussitôt.

Quiche aux poireaux

INGRÉDIENTS POUR 8 PERSONNES :
1 pâte feuilletée
250 g de lardons fumés
300 g de blancs de poireau
150 g de gruyère râpé
4 œufs
25 cl de lait
Sel
Poivre

Vos petits assistants pourront presque tout faire ! Disposez la pâte feuilletée dans un moule à tarte de 28 centimètres de diamètre environ et garnissez-la avec les lardons fumés, les blancs de poireau coupés en rondelles et le gruyère râpé.
Battez les œufs, ajoutez le lait, salez et poivrez, puis versez sur la tarte. Saupoudrez le dessus de la tarte de gruyère râpé.
Enfournez à 240 °C (th. 8). Au bout de 10 minutes de cuisson, baissez le thermostat à 180 °C (th. 6) et faites cuire encore 25 à 30 minutes. La quiche est cuite quand la crème est prise.
Démoulez sur une grille.
Cette quiche peut se manger tiède ou froide. Attention à ne jamais faire réchauffer les quiches dans le four à micro-ondes, car cela ramollirait la pâte. Si vous souhaitez faire réchauffer votre quiche, mettez-la dans le four préchauffé à 240 °C (th. 8) pendant 5 minutes.

Boulettes de viande aux corn-flakes

INGRÉDIENTS POUR 6 PERSONNES :
200 g de chair à saucisses
400 g de bifteck haché
3 cuillerées à soupe de corn-flakes
2 cuillerées à soupe de lait
1 cuillerée à café de moutarde
Beurre ou huile
Sel
Poivre

Mélangez (à la main : cela va de soi pour les enfants !) la chair à saucisse, le bifteck haché, les corn-flakes, le lait, la moutarde, le sel et le poivre.
Formez des boulettes d'environ 5 centimètres sur 2,5 et faites-les dorer de chaque côté dans une poêle huilée à feu vif pendant 3 minutes. Couvrez alors la poêle et faites cuire encore 10 minutes à feu moyen, en retournant les boulettes à mi-cuisson.
Servez avec une purée ou des pâtes, accompagnez de cornichons à la russe ou aigres-doux si l'enfant les aime.

Croustillants aux knacks

INGRÉDIENTS POUR 6 PERSONNES :
1 pâte feuilletée
2 saucisses de Strasbourg (ou knacks)
50 g de gruyère râpé
10 cl de lait

Découpez les saucisses en rondelles de 2 à 3 cm de long. Dans la pâte feuilletée, coupez des lanières de même largeur.
Entourez chaque morceau de saucisse d'une lanière de pâte (sans qu'elle ne se chevauche trop) et posez les bouchées ainsi obtenues sur une plaque allant au four, recouverte d'une feuille de papier sulfurisée. Badigeonnez d'un peu de lait et saupoudrez de gruyère râpé.
Enfournez à 270 °C (th. 9) pendant 15 minutes. Servez aussitôt.

Petites pizzas maison

INGRÉDIENTS POUR 6 PERSONNES :
12 tranches de pain de mie
4 tomates
2 échalotes
6 champignons de Paris
6 fines tranches de jambon
12 tranches de gruyère
4 cuillerées à café de thym
ou 12 olives noires
6 cuillerées à café d'huile d'olive
Beurre

Beurrez les tranches de pain de mie. Coupez les tomates et les échalotes en rondelles, et les champignons de Paris en lamelles. Disposez les rondelles de tomates sur les tranches de pain de mie, recouvrez de quelques rondelles d'échalotes et de champignons de Paris, puis ajoutez une tranche de jambon et une tranche de gruyère sur chaque tranche de pain. Versez dessus un petit filet d'huile d'olive, saupoudrez d'un peu de thym ou posez une olive noire sur le dessus.
Passez au four à 270 °C (th. 9) pendant 10 minutes, le plat étant posé dans la partie haute du four.
Servez aussitôt.

Les recettes sucrées

Fondue au chocolat

INGRÉDIENTS POUR 4 PERSONNES :
3 bananes
1 grande boîte d'ananas au sirop
500 g de brioche
12 minimadeleines
100 g de noisettes ou d'amandes (facultatif)
12 cl de lait
300 g de chocolat noir pâtissier
30 g de beurre
Le jus d'un citron

Coupez les bananes en rondelles de 1/2 cm d'épaisseur, disposez-les dans une coupe et arrosez-les du jus de citron.
Ouvrez et égouttez la boîte d'ananas, coupez les rondelles d'ananas en morceaux et disposez-les dans une autre coupe.
Découpez la brioche en petits dés et disposez-les sur un plat avec les madeleines.
Vous pouvez aussi hacher les noisettes ou les amandes et les mettre dans une coupe.
Dans un poêlon à fondue, versez le lait, faites chauffer à feu doux et incorporez le chocolat en petits morceaux. Faites fondre en remuant avec une spatule en bois. Ajoutez ensuite le beurre pour obtenir une crème onctueuse et brillante. Portez le poêlon sur la table, posez-le sur le réchaud. Prévoyez une fourchette à fondue pour chaque convive qui trempera le gâteau ou le fruit qu'il aura choisi dans la sauce au chocolat chaud. Vous pouvez faire cette recette avec tous les fruits frais de votre choix : pomme, orange, raisin, pêche...

Petits sablés pour jour de pluie

Ingrédients pour 6 personnes :
500 g de farine
250 g de sucre semoule
200 g de beurre mou
5 œufs
2 paquets de sucre vanillé
1 paquet de levure

Pour le glaçage (facultatif) :
1 tasse de sucre glace
Le jus d'un demi-citron ou d'une demi-orange

Mélangez le beurre mou et le sucre, ajoutez les œufs, le sucre vanillé et la levure. Ajoutez ensuite 500 g de farine et mélangez à la main. Si la pâte est encore trop collante, rajoutez un peu de farine.
Étalez la pâte au rouleau sur 5 mm d'épaisseur. Découpez-la selon des motifs différents, avec un verre à liqueur retourné ou avec des petits moules de formes diverses.
Faites cuire ces sablés au four à 120 °C (th. 4) pendant environ 15 minutes, jusqu'à légère coloration des gâteaux.
Quand ils sont cuits, vous pouvez éventuellement faire un glaçage. Diluez le sucre glace avec le jus de citron ou d'orange et badigeonnez-en les sablés froids à l'aide d'un pinceau.
Ils se conservent très bien pendant 1 mois dans une boîte métallique.

Gaufres

Ingrédients pour 6 personnes :
200 g de farine
40 g de sucre semoule
60 g de beurre mou
3 œufs
25 cl de lait
1 paquet de sucre vanillé
1 pincée de sel

Dans un saladier, cassez 2 œufs. Séparez le blanc du jaune du troisième œuf, réservez le blanc et ajoutez le jaune dans le saladier. Ajoutez la farine, le sucre, le beurre mou en petits morceaux, le sel, le sucre vanillé et le lait dans le saladier en mélangeant au fur et à mesure.
Faites chauffer le gaufrier.
Pendant ce temps, l'enfant peut battre le blanc en neige. Incorporez-le alors délicatement à la pâte.
Faites cuire les gaufres.
L'idéal, c'est de les manger au fur et à mesure, saupoudrées de sucre glace ou de crème Chantilly légère.

Crêpes minute

INGRÉDIENTS POUR 6 PERSONNES :
200 g de farine
2 œufs
25 cl de lait
1 pincée de sel

Dans un mixeur, mélangez les œufs entiers, le lait et le sel. Ajoutez ensuite la farine jusqu'à obtention d'une pâte un peu épaisse.
Dans une poêle à revêtement antiadhésif, sur feu assez vif, faites chauffer un peu d'huile, puis faites-y cuire les crêpes.
Servez-les accompagnées de confiture de mûres, de beurre, de sucre, de pâte à tartiner…

Confiture de mûres

INGRÉDIENTS :
Mûres
Sucre spécial confitures

La récolte a été bonne et vous avez rapporté un ou deux bols de mûres. Après les avoir lavées, passez-les au moulin à légumes (grille fine). Recueillez le jus et ajoutez-y le même poids de sucre. Portez à ébullition pendant 5 minutes en remuant sans cesse, et votre confiture est prête.
Mettez-la en pots.
Vous pouvez faire la même chose avec des groseilles, des cassis, des framboises ou des fraises passées au mixeur. Pour les fraises, je rajoute un peu de jus de citron.

Biscuit roulé

INGRÉDIENTS POUR 6 PERSONNES :
75 g de farine
75 g de sucre semoule
3 œufs
1/2 paquet de levure
Confiture de votre choix
Sucre glace ou amandes effilées

Cassez les œufs et séparez les blancs des jaunes. Montez les blancs en neige.
Battez ensemble les jaunes d'œufs et le sucre, jusqu'à ce que leur volume double. Ajoutez la levure, la moitié de la farine et la moitié des blancs en neige, puis le reste de farine et, à la fin, précautionneusement, le reste des blancs.
Recouvrez un grand moule rectangulaire d'environ 30 centimètres sur 40 d'une feuille de papier sulfurisé et versez-y la pâte.
Faites cuire à four chaud à 210 °C (th. 7) pendant environ 10 minutes. Le dessus doit être bien doré.
À la sortie du four, démoulez la pâte sur un torchon humide (le côté coloré contre le torchon) et roulez-la à l'aide du torchon pour lui donner la forme d'une bûche. Laissez refroidir pendant 15 minutes.
Déroulez le torchon et tartinez le biscuit de confiture. Reformez la bûche, coupez-en les bouts en biseau et saupoudrez de sucre glace ou d'amandes effilées légèrement grillées (dans la poêle, à sec, jusqu'à coloration).
Dégustez tiède ou froid.

Strudel aux pommes

INGRÉDIENTS POUR 6 PERSONNES :
1 kg de pommes type golden
250 g de raisins secs
200 g de noisettes ou de noix
200 g de sucre semoule
1 cuillerée à soupe de cannelle
10 feuilles de brik
150 g de beurre

Épluchez et coupez les pommes en petits dés et faites-les revenir 10 minutes à feu doux dans 50 g de beurre. Ajoutez le sucre, les raisins secs, les noisettes ou les noix concassées et la cannelle.
Faites fondre les 100 g de beurre restant. Badigeonnez de beurre fondu à l'aide d'un pinceau une feuille de brik, puis posez-la sur un plat, disposez par-dessus 4 autres feuilles de brik badigeonnées au fur et à mesure de beurre fondu, posez la moitié de la farce aux pommes sur les feuilles de brik (sur le tiers inférieur) et, enfin, roulez les feuilles sur elles-mêmes pour former un gros rouleau. Posez ce rouleau sur une plaque à pâtisserie beurrée. Remettez du beurre fondu dessus et saupoudrez de sucre.
Renouvelez l'opération avec les autres feuilles de brik pour former un deuxième rouleau.
Enfournez à 300 °C (th. 10) pendant 15 minutes. Il faut que les feuilles soient croustillantes et dorées.
Servez tiède avec de la crème liquide ou de la chantilly.

Cake aux carottes

INGRÉDIENTS POUR 6 PERSONNES :
1 tasse de sucre semoule
1 tasse de carottes râpées
50 g de raisins de Corinthe
1/2 tasse d'amandes moulues
1 bonne tasse de farine
1/2 tasse de beurre fondu
3 œufs
1 cuillerée à soupe de jus de citron
1/2 paquet de levure chimique
1 cuillerée à café de cannelle
1 pincée de sel

Mélangez dans un saladier les jaunes d'œufs, le sucre, la farine, la levure, la cannelle, le sel, le beurre fondu, le jus de citron, les carottes râpées. Incorporez les blancs en neige, puis ajoutez les raisins et les amandes.
Versez dans un moule à cake de 25 centimètres sur 10 bien beurré.
Faites cuire au four à 150 °C (th. 5) pendant 1 heure. Vérifiez la cuisson du gâteau avec la pointe d'un couteau : elle doit ressortir sèche.
Laissez refroidir avant de servir.

Cake aux courgettes

INGRÉDIENTS POUR 6 PERSONNES :
2 tasses à café de courgettes épluchées et râpées
3 bonnes tasses à café de farine
1 1/2 tasse à café de sucre semoule
3 œufs
1/2 tasse à café d'huile
1 1/2 paquet de levure
3 cuillerées à café d'épices mélangées (quatre-épices, cannelle)

Mélangez le sucre, l'huile, les œufs. Ajoutez la farine, la levure, les épices et les courgettes.
Versez la pâte dans un moule à cake d'environ 25 centimètres sur 10.
Faites cuire environ 50 minutes à 120 °C (th. 4).
Laissez refroidir avant de servir.

Tiramisu aux fraises

INGRÉDIENTS POUR 6 PERSONNES :
500 g de fraises
2 gros œufs ou 3 petits
1 boîte de mascarpone de 250 g
(au rayon frais avec le fromage)
3 cuillerées à soupe de sucre glace
1 paquet de biscuits à la cuillère
1/2 verre de sirop de fraise dilué
dans 1/2 verre d'eau
Le jus d'un demi-citron

Lavez et équeutez les fraises. Si elles sont grosses, coupez-les en deux.
Cassez les œufs et séparez les blancs des jaunes. Montez les blancs en neige ferme. Battez les jaunes avec le sucre glace, le jus de citron et le mascarpone. Incorporez délicatement les blancs au mélange.
Dans un saladier, disposez la moitié des biscuits à la cuillère trempés rapidement dans le mélange sirop-eau, côté bombé en dessous, recouvrez d'une couche de fraises et nappez copieusement de la moitié de la crème. Disposez une autre couche de biscuits trempés, côté bombé dessus, terminez par le reste de crème et décorez avec les fraises restantes.
Mettez au moins 2 heures au réfrigérateur avant de servir.

Flan

INGRÉDIENTS POUR 6 PERSONNES :
1 fond de tarte brisée ou feuilletée
125 g de sucre semoule
40 g de farine
2 œufs entiers + 2 jaunes
40 cl de lait
Le zeste d'un citron ou 1 cuillerée à soupe d'eau de fleur d'oranger
15 g de beurre fondu
Sucre glace (facultatif)

Disposez la pâte dans un moule à tarte. Mélangez bien les œufs, le sucre, la farine, le lait, le beurre fondu et le jus de citron ou l'eau de fleur d'oranger au mixeur. Versez sur le fond de tarte jusqu'à 1 centimètre du bord. Enfournez à 240 °C (th. 8) pendant 10 minutes puis, quand les bords de la pâte sont raidis, baissez le thermostat à 180 °C (th. 6), et faites cuire pendant encore 35 à 40 minutes.
Mettez le flan au réfrigérateur.
Sortez-le 30 minutes avant de servir et saupoudrez éventuellement d'un peu de sucre glace.

Truffes au chocolat

INGRÉDIENTS POUR 6 PERSONNES :
250 g de chocolat pâtissier
40 g de beurre mou
20 cl de crème fraîche épaisse
20 g de sucre glace
Cacao en poudre

Faites fondre le chocolat coupé en petits morceaux avec 1 cuillerée à soupe d'eau au bain-marie. Hors du feu, ajoutez-y le beurre mou, puis la crème et le sucre glace. Mélangez bien le tout. Mettez au réfrigérateur pendant 1 heure 1/2.
Disposez le cacao dans une assiette. Avec la pâte, formez des petites truffes de 2 centimètres de diamètre et, au fur et à mesure, roulez-les dans le cacao.
Les truffes se conservent au réfrigérateur pendant 1 semaine.

Boules à la noix de coco

INGRÉDIENTS POUR 6 PERSONNES :
175 g de noix de coco râpée
125 g de beurre
75 g de sucre semoule

Mélangez intimement le beurre, le sucre semoule et 125 g de noix de coco râpée. Mettez au réfrigérateur.
Disposez la noix de coco restante dans une assiette, puis demandez à votre cuisinier en herbe de confectionner des petites boules d'environ 2 centimètres de diamètre, et de les rouler dans la noix de coco au fur et à mesure.
Placez les boules ainsi obtenues dans un plat et conservez-les au réfrigérateur.

Petits gâteaux à la noix de coco

INGRÉDIENTS POUR 6 PERSONNES :
300 g de noix de coco râpée
250 g de sucre semoule
2 œufs
40 g de beurre fondu
2 cuillerées à soupe de jus de citron

Mélangez les œufs et le sucre, puis ajoutez le beurre fondu, le jus de citron et la noix de coco. Amalgamez à la main, puis faites-en des petits pyramides de 3 centimètres de côté en serrant bien la pâte.
Faites cuire au four à 180 °C (th. 6) environ 15 minutes, jusqu'à ce que des petites pointes dorées apparaissent sur les gâteaux.
Ces petits gâteaux se gardent plusieurs jours dans une boîte en métal (si les petits cuisiniers ne sont pas trop gourmands…).

Biscuits aux flocons d'avoine

INGRÉDIENTS POUR 8 PERSONNES :
300 g de farine
200 g de sucre semoule
150 g de beurre
3 œufs
200 g de flocons d'avoine
125 g de raisins secs
125 g de dattes
(et/ou : abricots, pruneaux, figues)
125 g de noix
(et/ou : noisettes, amandes, sésame)
1 cuillerée à café de cannelle
1 cuillerée à café de clou de girofle en poudre
1 cuillerée à café de quatre-épices
3 cuillerées à soupe de rhum, d'eau de fleur d'oranger ou de jus de citron
1 cuillerée à café de bicarbonate
1 pincée de sel

Mélangez au fouet les œufs, le sucre et le beurre jusqu'à ce que le mélange forme un ruban. Ajoutez-y la farine, le bicarbonate, le sel, la cannelle, le quatre-épices, le clou de girofle puis les flocons d'avoine, et enfin le rhum, l'eau de fleur d'oranger ou le jus de citron. Ajoutez ensuite à la main les raisins, les dattes et les noix hachés grossièrement.
Faites-en des petits tas (d'environ 3 centimètres de côté) sur une plaque allant au four recouverte d'une feuille de papier sulfurisé.
Faites cuire au four à 180 °C (th. 6) pendant 15 à 20 minutes.
Ces petits gâteaux se gardent dans une boîte en métal pendant 1 mois.
Ces biscuits peuvent se faire à partir de mélanges divers, les seuls ingrédients incontournables étant les œufs, le beurre, le sucre, la farine, le sel, le bicarbonate et les flocons d'avoine, qui servent d'amalgame aux autres ingrédients.

La nature

Petit rappel des principales caractéristiques du monde animal et du monde végétal à l'usage des grand-mères et des grands-pères qui n'ont pas forcément un diplôme de sciences, mais qui savent observer et qui ont du bon sens. Nos chers petits auront toujours le temps d'apprendre plus de détails ; donnons-leur déjà une grille de lecture. La curiosité des enfants est insatiable quand il est question de la nature...

Les animaux

Dès le berceau, l'enfant prend comme compagnon de jeu ou confident de ses peines ses peluches. Il leur prête ses états d'âme, les fait parler et leur répond. Et, si vous n'avez pas déjà vous-même un petit chat ou un petit chien, il ne tardera pas à vous en réclamer un. Pourquoi, maintenant qu'il est un peu plus grand, ne pas en profiter pour lui en apprendre un peu plus sur le monde fascinant des animaux ?

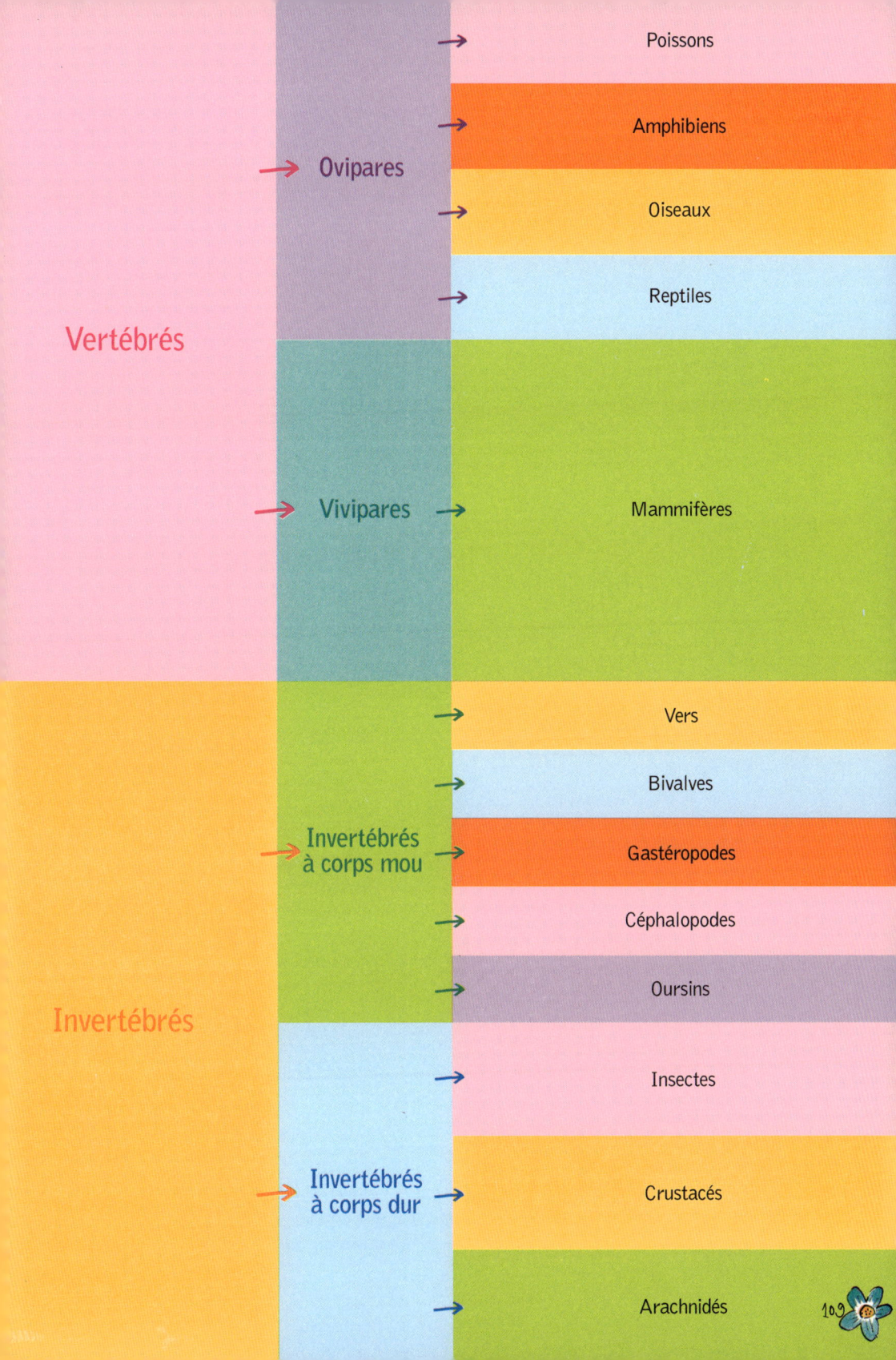

Un drôle de Légo : les vertèbres

Voici, pour commencer, des petits trucs qui permettront à l'enfant de faire la distinction entre les vertébrés et les invertébrés et de reconnaître les différents vertébrés.

La valse des petits os

Le jour où votre petit-fils ou votre petite-fille vient manger chez vous, préparez-lui une sole. En général, les enfants aiment ce poisson, cela fera encore mieux passer la « leçon ».
En l'épluchant, essayez de respecter le squelette : la colonne vertébrale. Faites-lui remarquer qu'elle va de la tête à la queue et est formée de beaucoup de petits os : les vertèbres. À lui de deviner à quoi elles servent. Au besoin, mettez-le sur la voie en les faisant bouger. Faites-lui remarquer que cela permet au poisson de bouger son corps et que, si elle n'était qu'une longue tige, il ne serait pas mobile. Laissez-le examiner à sa guise, aidez-le à détacher les vertèbres et montrez-lui comment elles s'articulent les unes aux autres, exactement comme les pièces de son Légo.

Quand il aura compris le principe des petits os qui permettent de bouger, extrapolez et faites-lui chercher comment il est possible pour un chien de remuer la queue, pour un oiseau de renverser sa tête en arrière, pour un chat de s'étirer, pour un poisson de nager. Si vous avez un chat ou un chien, apprenez-lui à tâter leur colonne vertébrale. Faites-lui palper son propre dos, celui de son frère ou de sa sœur, faites-le se pencher en avant, en arrière, sur le côté, se tourner en bloquant son bassin…
Bien sûr, vous n'allez pas lui livrer tout cela en bloc. Cette prise de conscience se fera sur plusieurs jours. D'ailleurs, vous pouvez revenir sur la « leçon » en mettant au menu un lapin ou un poulet. Demandez-lui s'il reconnaît ces petits os, à quoi ils servent, etc. Vous pouvez aussi les lui montrer sur l'étal du boucher ; faites-lui observer leur différence de taille selon les animaux.

À chacun son habit

Cela assimilé, vous pouvez passer progressivement à autre chose. Un lapin, une poule, un lézard, une grenouille, un poisson sont tous des vertébrés ; pourtant, ils ne se ressemblent pas.

L'idée ne viendrait pas à l'enfant de confondre un lapin avec une poule ou un poisson. Alors, comment fait-il la différence ? Quatre pattes, deux pattes, pas de pattes du tout ? « Mais non, ce n'est pas dans cette direction qu'il faut chercher. Regarde plutôt du côté de la peau. »

Là encore, quelques promenades en perspective. Tout est bon, les animaux domestiques, le zoo ou l'étal du poissonnier. Faites remarquer à l'enfant qu'il y a des animaux à fourrure, à plumes, à écailles, des animaux comme le lézard ou le crocodile, dont la peau ressemble beaucoup aux écailles du poisson… Mais, alors que, pour le poisson, les écailles s'en vont (faites-lui en la démonstration), on ne peut pas enlever celles du lézard sans lui ôter aussi la peau. La grenouille, elle, a une peau toute lisse, sans poils, ni plumes, ni écailles.

Naître dans un œuf

Il existe une autre différence très importante entre tous ces vertébrés : certains, comme le lapin ou le chat, mettent au monde des petits déjà complètement développés sans qu'aucune membrane ne les enveloppe : on dit qu'ils sont vivipares. D'autres, comme les poules et les oiseaux, pondent des œufs dans lesquels les petits finissent de se développer avant d'éclore : ce sont les ovipares.
Un petit tour dans une ferme vous permettra de montrer tout cela à l'enfant.

C'est si mou, une moule !

Quand tout cela sera compris, un jour, vous lui préparerez des moules, des huîtres ou des escargots. Demandez-lui alors de trouver leur colonne vertébrale. L'enfant cherchera, vous proposera sûrement la coquille comme réponse. Demandez-lui de se souvenir de quoi était composée la colonne vertébrale. Rappelez-lui que c'étaient des petits os articulés entre eux. Il comprendra que la coquille, c'est autre chose. Montrez-lui alors que ce ne sont pas des os, mais que la coquille sert à protéger l'animal.
Arrivé à ce stade, il pourra comprendre à quoi sert la carapace des crevettes, des langoustines... Il faudra lui montrer que ce sont des animaux qui n'ont pas de squelette à l'intérieur de leur corps ; ce sont des invertébrés. Il y en a d'autres : les mouches, les araignées, les abeilles, etc. Un invertébré n'a pas de vertèbres.
Dès lors, quand vous visitez un zoo, demandez-lui de vous dire si les animaux rencontrés sont des vertébrés ou des invertébrés.

Tous complètement mous ?

De la même manière que les vertébrés peuvent ou non naître dans des œufs, il existe des différences chez les invertébrés. Quand l'enfant aura appris à reconnaître un invertébré, vous pourrez lui expliquer que certains de ces animaux peuvent avoir un corps mou, comme les mollusques, les vers ou les oursins ; on dit alors que ce sont des invertébrés à corps mou. D'autres, pour se protéger, se sont complètement enfermés dans une carapace ou dans une enveloppe dure. C'est le cas des crustacés, des insectes et des araignées ; on dit que ce sont des invertébrés à corps dur.

Petit rappel

Nous avons défini à ce stade deux grandes catégories de vertébrés **(les vivipares et les ovipares)**, à l'intérieur desquelles on peut classer cinq espèces d'animaux :

- Ceux qui ont des poils **(les mammifères)** ;
- Ceux qui ont des plumes **(les oiseaux)** ;
- Ceux qui ont de vraies écailles **(les poissons)** ;
- Ceux qui ont de fausses écailles **(les reptiles)** ;
- Ceux qui ont une peau nue **(les amphibiens)**.

Nous savons aussi qu'il existe deux catégories d'invertébrés (à corps mou ou à corps dur) à l'intérieur desquelles on peut classer six espèces d'animaux :

- **Les mollusques** ;
- **Les oursins** ;
- **Les vers** ;
- **Les crustacés** ;
- **Les insectes** ;
- **Les arachnidés.**

Voyez comme il tète !

Tout petit, votre petit-enfant a joué avec des nounours. Maintenant qu'il a grandi, il veut un chien, un chat. Il en voit dans la rue et chez les voisins. Au zoo, il rencontre d'autres animaux à fourrure. Vous lui expliquez que ce sont des mammifères.

Voyez autour de vous si quelqu'un a des chatons ou des chiots et montrez-lui comment ils tètent. L'enfant n'aura pas fait le lien entre la poitrine de sa mère et les mamelles des femelles des animaux qui allaitent. Il aura encore moins fait le rapport entre les deux mots : mamelles et mammifères (qui portent des mamelles). C'est à vous de le lui signaler.

Dorénavant, vos visites au zoo seront très appréciées. L'enfant se fera un plaisir de vous montrer ses toutes nouvelles connaissances et il fera volontiers le tour de tous les animaux qui ont une fourrure. Avec lui, vous allez compter combien d'espèces différentes vous pouvez trouver.

Mon chien est un mammifère !

Bravo, tu as trouvé tout seul ! Mais tous les mammifères ne se ressemblent pas. Essayons de voir pourquoi.

Dis-moi ce qu'il mange

Intéressez-vous à la nourriture des animaux. S'il y en a qui mangent volontiers de tout, d'autres ne se nourrissent que de viande. Expliquez à l'enfant que le suffixe « vore » vient de dévorer. De là, lentement, se mettent en place les notions de carnivore et d'omnivore. Laissez-le trouver tout seul les mots herbivore et insectivore.

Vers 10 ans, quand il aura perdu presque toutes ses dents de lait, vous pourrez lui faire observer la denture des différentes catégories d'animaux.

Les herbivores (tels que le cheval, la chèvre, le mouton, la vache) ont les molaires (les grosses dents du fond) plates comme des meules. Si on les regarde manger, ils ne font pas bouger, comme nous, leur mâchoire de haut en bas pour mâcher – en serrant et en desserrant les dents –, mais ils font tourner en rond leur mâchoire du bas. Ainsi, les herbes et les graines qu'ils mangent sont broyées exactement de la même manière que le grain entre les deux meules du moulin.

Comme ils doivent percer la peau dure qui enveloppe les insectes, les insectivores (tels que la taupe et le hérisson) ont en revanche les dents du fond hérissées de pics tout pointus. Avec ces pics, ils percent la peau des insectes et sucent ce qu'il y a dedans. Les insectivores nous rendent de grands services car ils nous débarrassent d'une grande quantité d'insectes qui attaquent les cultures dans les jardins et les champs.

Et les tigres, que mangent-ils ? De la viande crue, bien sûr. Il suffit de regarder leurs molaires : elles sont coupantes comme des couteaux ou, mieux, comme des ciseaux. Quand ils mâchent, ils ouvrent et ferment leurs mâchoires, ce qui leur permet de couper les aliments en tout petits morceaux. C'est parce que leurs mâchoires sont très puissantes qu'ils sont dangereux quand ils s'attaquent à quelqu'un et, à part le chien et le chat, que nous connaissons, il vaut mieux éviter les autres carnivores. Si vous avez un chien ou un chat, profitez-en pour montrer à l'enfant leur denture : les molaires très coupantes et les crocs (les canines) qui leur servent à arracher la viande. Au zoo, l'enfant verra de quoi on nourrit les lions, les tigres, les loups : ce sont encore de vrais carnivores.

Demandez à l'enfant ce qu'il pense de l'homme. Il mange aussi de la viande. Est-ce que c'est un carnivore ? Non, il se nourrit de viande cuite, et de beaucoup d'autres choses : des fruits, des légumes, du pain... Laissez-le énumérer.

Nos dents du fond, les molaires, sont moins coupantes que celles des carnivores qui ne mangent que de la viande crue (sauf les chiens, qui ne peuvent pas survivre sans notre aide). Les molaires sont incontestablement les dents les plus importantes pour l'homme. Nos dents du devant, les incisives, servent à couper – comment pourrait-on sans elles mordre dans une pomme ? En revanche, les canines sont peu développées chez l'homme, alors qu'elles sont essentielles chez les carnivores, à qui elles servent de crochets pour agripper et arracher la viande de leur proie. L'homme, qui mange de tout, est omnivore. C'est aussi le cas de certains animaux : le cochon, par exemple.

Il y a une catégorie d'animaux chez qui les incisives sont plus importantes que les molaires : ce sont les rongeurs. Donnez une carotte à un lapin et montrez à l'enfant comment il la mange. Avec ses dents de devant, il ronge sa carotte à toute vitesse. S'il n'a pas de carotte, il peut faire de même avec un morceau de bois ou le bas de sa cage. Le rat et la souris sont encore plus forts : ils s'attaquent même au bois de la porte d'entrée ou de l'armoire à provisions ! Mais leurs dents ne vont-elles pas s'user à force de ronger du bois très dur ? Oui, mais la nature a bien fait les choses. Les rongeurs ont une particularité : au fur et à mesure qu'ils usent leurs incisives, celles-ci grandissent par l'autre bout (celui qui est enfoncé dans la gencive), ce qui fait que les dents des rongeurs ont toujours la même longueur.

Souvent, dans les zoos, à l'entrée des cages, avec la description de l'animal, vous trouverez un dessin de sa denture. Faites-le remarquer à l'enfant et, s'il est assez grand, vers 10 ans, laissez-le interpréter lui-même le dessin.

La chauve-souris, un drôle de mammifère volant

Lors d'une visite au zoo, essayez de trouver les chauves-souris. Vous aurez sûrement quelques difficultés à faire croire à l'enfant qu'il y a des mammifères, c'est-à-dire des animaux avec une fourrure, qui ont des ailes. Il aura du mal à imaginer ces mammifères volants car on a rarement l'occasion d'en voir. Les chauves-souris ne sortent que la nuit. Dans la journée, elles dorment, accrochées par les griffes des pattes arrière et drapées dans leurs ailes comme dans un manteau.

Expliquez à l'enfant que ce qu'on croit être des ailes chez la chauve-souris ne sont en fait que les doigts de ses mains, très allongés, tellement longs qu'ils ont presque la même taille que leur corps. Entre les doigts, il y a une peau qui va de l'un à l'autre ; c'est pour cela que la chauve-souris arrive à voler en battant très fort des bras et en écartant bien ses doigts.

Expliquez aussi à l'enfant que la chauve-souris est un animal très farouche et très utile qui mange beaucoup d'insectes une fois la nuit tombée. Il ne faut surtout pas en avoir peur car elle ne s'approche jamais des hommes.

Les champions de l'apnée

Une autre curiosité parmi les mammifères : ceux qui vivent dans l'eau. Pourtant, ce ne sont pas des poissons car, en tant que mammifères, ils ont des poumons comme nous et ont donc besoin d'air pour respirer. Cependant, ils peuvent rester sous l'eau assez longtemps, exactement comme un plongeur entraîné peut rester immergé plus longtemps qu'un simple nageur. Régulièrement, il faut qu'ils remontent à la surface pour respirer. Et quels sont ces mammifères qui vivent dans l'eau ? Ce sont les phoques, les baleines, les dauphins. Leurs bras se sont transformés en nageoires et leurs membres postérieurs ont complètement disparu.

Petit rappel

Chez les mammifères, il y a :
- Les herbivores ;
- Les carnivores ;
- Les insectivores ;
- Les omnivores.

Il y en a :
- Qui vivent sur terre et qui marchent à quatre pattes, avec une exception : l'homme, qui s'est redressé sur ses pattes de derrière ;
- Qui volent : les chauves-souris ;
- Qui vivent dans l'eau : les dauphins, les baleines.

Amusez-vous avec l'enfant

En présence d'un chat :

• Observez un chat faisant sa toilette, guettant une souris, une chatte allaitant ses petits, portant ses petits pour les déplacer...
• Que fait-il quand il a peur ?
• Que fait-il quand on dit qu'« il fait ses griffes » ou qu'« il fait patte de velours » ?
• À quoi lui servent ses moustaches ?
• Pourquoi a-t-on des chats à la maison ?
• Quels sont les animaux qui leur ressemblent ? (Lion, tigre, panthère.)

En présence d'un chien :

• Observez un chien qui se promène dans la rue, reniflant partout. Est-il conseillé de se laisser lécher les mains et le visage par lui ? Pourquoi se croit-il obligé de mettre son nez partout ? (Parlez-lui des chiens de chasse, des chiens des policiers...)
• Observez ses pattes : sont-elles identiques à celles du chat ? (Griffes non rétractiles.) Si vous voyez que l'enfant s'intéresse aux pattes des animaux domestiques, faites-lui observer les pattes d'autres animaux (par exemple, ceux qui marchent sur des sabots, comme le cheval ou le cerf).
• Apprenez à l'enfant à reconnaître les différentes races de chien.
• Pourquoi dit-on qu'un chien est carnivore alors qu'il mange de tout ? (Denture et domestication.)
• Quels sont les animaux qui lui ressemblent ? (Loup, renard, hyène, chacal...)

En présence d'une taupe, d'une chauve-souris :

• Regardez les pattes de la taupe, surtout celles de devant ; faites admirer leur musculature solide et leurs griffes qui lui permettent de creuser des galeries, et ses pattes de derrière qui, comme des pelles, évacuent la terre par l'arrière. Si vous trouvez une taupinière, dégagez la terre et repérez avec l'enfant les galeries créées par la taupe.
• Pourquoi dit-on que la chauve-souris, qui sait voler, est un mammifère et non un oiseau ?

En présence d'un cheval, d'une vache :

• Comment se défend un cheval quand on l'attaque ?
• Comment marche-t-il ? (Pas, trot, galop.)
• Pourquoi lui met-on des fers ?
• Comparez les pattes du cheval avec celles de la vache, et avec celles d'un chat.
• Si on lui présente un morceau de pain ou un sucre, comment faut-il tenir sa main ? Pourquoi ?
• Quels sont ses cousins ? (Âne, mulet, zèbre.)
• Pourquoi élève-t-on des vaches ?
• Que peut-on faire avec du lait ?

Ces questions peuvent varier à l'infini. C'est un jeu qui permet de parler avec l'enfant, de lui apprendre à observer, à déduire, à classer les différents animaux. Vous serez fiers de vous quand vous verrez votre petit bout de chou courir au zoo et commenter les animaux qu'il rencontre devant les visiteurs étonnés et admiratifs !

Les oiseaux, des vertébrés à plumes

Mais... il mange des cailloux !

Un jour, vous apporterez un peu de nourriture aux oiseaux et l'enfant pourra les observer à loisir. En général, pigeons et moineaux ne sont pas farouches et viennent même manger dans votre main.

« Tu ne trouves pas que la bouche de l'oiseau est bizarre ? Observe bien le bec, il est dur, c'est de la corne, et puis on ne voit pas de dents ; pourtant, il n'arrête pas de picorer, y compris de gros morceaux qu'il avale sans mâcher. Et regarde, il n'y a plus rien à manger et il continue de picorer, mais il avale des petits cailloux et des grains de sable ! » Il faut lui expliquer que les oiseaux possèdent, avant leur estomac, une petite poche où les graines qu'ils ont avalées en entier sont écrasées et réduites en bouillie. Elles y sont malaxées et broyées avec les petits cailloux et les grains de sable coupants que l'oiseau a mangés et qui écrasent les aliments, exactement comme le feraient les dents du fond. Cette petite poche très solide s'appelle le gésier.

« Sais-tu si l'oiseau a des oreilles ? Tu n'en vois pas ? Alors, il n'entend pas ? Essaie de crier. L'oiseau s'envole. Tu sais donc qu'il entend, mais on ne peut pas voir ses oreilles, elles sont bien cachées sous les plumes de sa tête. »

« Il y a autre chose que tu n'as pas encore vu. Regarde l'œil de l'oiseau. Comment fait-il quand il ferme son œil ? Et toi, comment fais-tu quand tu fermes le tien ? » Laissez l'enfant chercher. Si, au bout de quelques suggestions, il n'a pas trouvé, montrez-lui comment vous fermez vos yeux : en baissant la paupière du haut, celle du bas ne bouge pas. Observez ensuite ce que fait l'oiseau.

Lui, c'est la paupière du bas qu'il remonte ! Mais ce n'est pas tout, demandez à l'enfant de regarder les yeux du côté du bec ; il y a une autre paupière que l'oiseau passe régulièrement sur son œil, comme si on tirait un store. Faites-lui remarquer que l'oiseau a trois paupières ; la troisième lui sert à ne pas être trop ébloui par la lumière.

« Est-ce que l'oiseau a un nez ? Non, non, ce n'est pas le bec ; on a vu que le bec, c'était sa bouche, mais il faut bien qu'il respire ! » Montrez-lui alors les deux petits trous qui sont de chaque côté de la tête, là où commence le bec : ce sont les narines de l'oiseau.

Bien au chaud grâce à son pull-over

Il n'est pas rare, au cours d'une promenade, de trouver des plumes perdues par les oiseaux. Faites-les ramasser par l'enfant comme si vous vouliez en faire un bouquet : l'idéal serait de trouver trois sortes de plumes :

• Des plumes longues, presque droites, un peu rigides : celles que l'oiseau a sur la queue et sur les ailes ;
• Des plumes qui sont beaucoup plus courtes et qui ressemblent un peu à une feuille, souples à l'extrémité supérieure et ébouriffées vers le bas : on les appelle des plumes de couverture ;
• Des duvets très minces, tout ébouriffés et très légers.

Observez d'un peu plus près les grandes plumes. Au milieu, il y a une grande tige et, sur les côtés, des barbes qui font que la plume ressemble à une lame. Demandez à votre petit-enfant d'approcher son oreille et séparez les barbes en caressant la plume à rebrousse-poil. On entend une série de petits craquements : ce sont les petits crochets, les barbules, de chaque côté des barbes qui se détachent, exactement comme le ferait un Velcro sur des baskets. Si vous avez une loupe, c'est le moment de la retrouver au fond de votre sac. Après, c'est à l'enfant de raccrocher les barbules en serrant légèrement la plume entre ses doigts et en allant du bas vers le haut. En général, l'enfant aime beaucoup s'amuser à ébouriffer la plume et à raccrocher les barbules. Quand il aura compris le principe, il saura ce que font les oiseaux quand ils passent leur bec dans leurs plumes. Ils les lissent en raccrochant les barbules qui s'étaient détachées pendant le vol. Heureusement, toutes les barbules ne se détachent pas en même temps, sinon l'oiseau tomberait comme une pierre.

Ensuite, passez à la plume de couverture que vous avez ramassée. Demandez à l'enfant de faire la même chose, cela ne marchera pas et vous pourrez alors lui expliquer que ces plumes ont un autre rôle à jouer. Les plumes de couverture protègent, comme leur nom l'indique, l'oiseau contre la pluie qui glisse dessus sans y pénétrer. C'est un peu comme l'imperméable de l'oiseau. D'ailleurs, si on regarde un canard qui sort de l'eau, il n'est jamais mouillé.

Faites remarquer à l'enfant que ces plumes sont bien plus douces et plus flexibles que les plumes des ailes et de la queue. Il n'y a que peu de barbules et leur forme ressemble un peu à une feuille. Leurs extrémités se recouvrent comme les tuiles d'un toit, l'autre bout, près du corps, aide l'oiseau à se protéger du froid, comme le font les duvets.

Montrez-lui maintenant le petit duvet, tout doux, tout léger, tout moelleux. Lui se trouve tout contre le corps de l'oiseau et lui tient chaud comme un bon pull-over. D'ailleurs, l'oiseau s'arrache des duvets pour tapisser l'intérieur de son nid, pour que les oisillons, qui vont sortir des œufs et qui n'auront pas encore de plumes, se réchauffent. Au cours d'une promenade, mon petit-fils découvre un duvet, le ramasse précautionneusement et l'accroche à une branche d'arbre. Puis il vient vers moi, satisfait : « Il y a un petit oiseau qui a perdu son pull-over, je l'ai ramassé et mis sur la branche, comme cela sa maman pourra le retrouver et il ne sera pas grondé. » Les hommes savent combien ce duvet est précieux car, depuis toujours, ils utilisent les duvets des poules et des canards pour faire des oreillers et des couettes.

Les plumes des ailes et de la queue, ainsi que les plumes de couverture, ont souvent de très belles couleurs. C'est grâce à la couleur du plumage que nous pouvons distinguer les différentes espèces entre elles. À noter aussi que les papas oiseaux ont de bien plus belles couleurs que les mamans oiseaux.

L'art de battre des ailes

Expliquez maintenant à l'enfant le vol des oiseaux. C'est le pigeon ou le moineau qui seront le plus utiles à votre démonstration. Commencez par demander à l'enfant, quand vous voyez un oiseau près de vous, comment il se déplace. L'enfant dira en général qu'il marche. Mais il ne marche pas comme un chien ou un chat : il marche sur deux pattes. « Alors, que sont devenues les deux autres pattes ? » Faites s'envoler l'oiseau et montrez à l'enfant que les deux autres pattes sont devenues des ailes qu'on ne voyait pas très bien quand il marchait. Il comprendra aisément que l'oiseau marche avec deux pattes et vole grâce à ses deux bras qui sont devenus des ailes. Pour voler, l'oiseau agite ses bras. « Et toi, est-ce que tu peux voler ? »

Vous pouvez lui expliquer que c'est grâce aux grandes plumes, étendues comme un éventail, et qui sont si serrées et si solides qu'elles ne laissent passer ni l'air ni le vent, que l'oiseau, en battant fort des ailes, peut prendre appui sur l'air et s'envoler. Vous pouvez essayer de lui faire prendre conscience de la résistance de l'air en lui demandant de bouger une des plumes rigides – plus celle-ci sera grande, meilleure sera la démonstration. Observez le vol d'un oiseau, voyez comme ses ailes sont déployées, bien étendues, quand il plane dans l'air. Il ne redescend que très lentement, ses ailes et sa queue font fonction de parachute. Vous pouvez aussi observer l'atterrissage d'un pigeon. Il arrive en battant lentement des ailes, puis les replie. Alors il tombe très vite, mais, dès qu'il approche du sol, il les redéploie pour freiner son atterrissage et se poser doucement. Quelquefois, même, il donne quelques coups d'ailes rapides, pour ralentir encore sa chute et pour ne pas se casser les pattes au moment où il touche terre. En inclinant les plumes de sa queue vers le haut, ou vers le bas, l'oiseau oriente son vol en montée ou en descente.

À l'eau, les oiseaux

Après avoir observé les oiseaux qui sont faciles à approcher, apprenez à l'enfant à reconnaître les différentes espèces : merle, pie, corbeau, hirondelle, alouette, pinson, mésange, rouge-gorge, etc. Il existe d'excellents petits livres, richement illustrés, qui pourront vous guider dans ce jeu de piste. Armés de jumelles, vous repérez un oiseau, puis vous essayez de trouver son portrait dans votre petit guide. Appelez cela « safari-oiseau » et offrez une belle récompense à celui qui aura reconnu le maximum d'espèces.

Si, au cours de vos pérégrinations, vous rencontrez des canards, des cygnes ou des oiseaux nageurs, l'enfant devra trouver ce qui les différencie des oiseaux qui volent. Comme toujours, laissez-le chercher et proposer ses solutions. S'il ne trouve pas, mettez-le sur la voie en lui demandant de centrer ses observations sur les pattes. « Qu'est-ce qui fait qu'un canard peut nager et un moineau pas ? » Faites-lui observer que les canards ont leurs doigts reliés par de la peau. On a l'impression qu'ils ont mis des palmes pour nager ! C'est tellement vrai qu'on les appelle des palmipèdes.

Si un jour, au zoo, vous avez la chance de rencontrer un flamant rose, un héron ou une cigogne, l'enfant remarquera la longueur de leurs pattes « comme s'ils étaient sur des échasses ». Avec leurs longues pattes, ils peuvent entrer dans l'eau (ils ne savent pas nager, ils n'ont pas les pieds palmés), c'est pour cela qu'on les appelle des échassiers. Ils ont aussi un long bec et un cou long et flexible ; ainsi, ils peuvent pêcher leur nourriture (grenouilles, poissons).

Puissants rapaces

Emmenez l'enfant dans la volière des rapaces. Faites-lui observer leur solide bec crochu et pointu au bout, leurs pattes terminées par quatre doigts très forts munis de griffes terribles avec lesquelles ils peuvent serrer leur proie. Les griffes s'appellent des serres et leurs ailes sont assez puissantes pour emmener leur proie avec eux dans les airs.

Il y a deux sortes de rapaces. Les rapaces qui ne sortent que la nuit, comme la chouette et le hibou, se nourrissent surtout de souris, de rats, de mulots et sont utiles. Les rapaces de jour, comme l'aigle, le vautour, le faucon, la buse, sont plus dangereux car ils s'attaquent à du gibier plus gros : poules, lapins et parfois même petits moutons.

Petit rappel

• Les oiseaux sont des vertébrés à plumes.
• Leurs bras sont les ailes qui sont couvertes de plumes longues et rigides qui leur servent à voler en frappant l'air. Ils n'ont pas de dents, mais un bec très dur et un gésier.
• Leurs yeux ont trois paupières.
• Ils font des nids pour y pondre leurs œufs et les couver. Une fois les œufs éclos, les parents s'occupent de la nichée.
• Ils leur apportent insectes et limaces.
• Les oisillons ne sont pas nourris de lait, les mamans oiseaux n'ont pas de mamelles.

S'il y a beaucoup de pigeons, vous pouvez organiser un jeu pour savoir lequel saura atterrir le mieux. L'enfant se fera un grand plaisir de courir après eux pour les forcer à s'envoler et vous aurez alors le loisir de les voir redescendre sur terre.

Et maintenant, peux-tu me dire :

- À quoi servent les plumes ?
- Combien de sortes de plumes connais-tu ?
- Où est le nez de l'oiseau ?
- A-t-il des oreilles ?
- À quoi sert le gésier ?
- Est-ce qu'un oiseau a des oreilles ?
- Comment naissent les petits oiseaux ? Est-ce qu'ils ont des plumes ? Est-ce qu'ils boivent du lait pour grandir ?
- Est-ce que les oiseaux sont utiles ? Pourquoi ?
- Y en a-t-il qui sont nuisibles ? Peux-tu m'en citer ?
- À quoi reconnaît-on un rapace ?
- Il y en a qui chassent le jour, d'autres la nuit. Sais-tu lesquels sont utiles ?
- L'œil de l'oiseau n'est pas comme le tien, comment est-il ?
- Quels ont les oiseaux que tu connais ?
- Il y a des oiseaux qui s'en vont en hiver. As-tu déjà vu un vol de canards sauvages ou un rassemblement d'hirondelles ?
- Est-ce que les petits oiseaux chantent en hiver ?
- Sais-tu de quoi un œuf est formé ? (L'idéal, c'est d'avoir un œuf cru et un autre dur. Montrez-lui la coquille doublée à l'intérieur par une fine membrane à double feuillet dans le gros bout de l'œuf, la chambre à air, le blanc et le jaune, le germe qui se trouve sur le jaune).
- Comment les parents s'occupent de leurs petits ? (Nourriture, apprentissage du vol, de la nage pour les petits palmipèdes.)

Mamie, j'ai gagné un poisson rouge !

Nous savons déjà qu'un poisson rouge peut tourner en rond dans son aquarium grâce aux petits os articulés de sa colonne vertébrale. C'est un vertébré ovipare dont la peau est couverte d'écailles.

Un drôle de petit sous-marin

Demandez à l'enfant comment le poisson peut rester immobile dans l'eau ou avancer et combien il a de nageoires :
- Une sur le dos ? D'accord, c'est la nageoire dorsale ;
- Une à la queue ? Oui, c'est la nageoire caudale ;
- Une en arrière sur le ventre ? La nageoire anale, parce qu'elle est près de l'anus ;
- Une derrière chaque opercule (petit volet de chaque côté de la tête) ? Les nageoires pectorales (les bras) ;
- Deux sous le ventre ? Les nageoires ventrales (les jambes).

Quand il avance tout droit, c'est la nageoire caudale qui bouge ; le poisson agite sa queue de droite à gauche et vice versa, exactement comme le ferait un batelier pour faire avancer son bateau.

Quand il tourne, ce sont les nageoires dorsale et anale qui bougent ; on pourrait presque dire qu'elles sont le gouvernail du poisson.
Le poisson reste sur place. Tu vois les deux nageoires de chaque côté près de sa tête et les deux autres au milieu du ventre ? Elles bougent très lentement. Elles correspondent aux bras et aux jambes du poisson et lui permettent de se tenir en équilibre. Les autres nageoires ne bougent pas quand le poisson fait du surplace.
Imagine maintenant que le poisson soit mort. Aucune des nageoires paires ne bougerait plus, que ferait le poisson ? Il perdrait l'équilibre et se coucherait sur le côté.

Il respire sous l'eau...

Sa bouche, il n'arrête pas de l'ouvrir et de la fermer. Est-ce que tu sais pourquoi ? Il mange ? Non, tu vois bien qu'il ne mange pas. Est-ce que tu vois les deux petits volets qu'il a de chaque côté de la tête ? On les appelle les opercules. Quand ils sont ouverts, sa bouche est fermée ; quand la bouche s'ouvre, les opercules se ferment.

Dans l'eau, il y a de l'air ou plutôt de l'oxygène. Pour respirer, le poisson n'a pas, comme nous, des poumons, mais un système de petites lamelles qui sont très rouges parce qu'il y a beaucoup de sang dedans : on les appelle les branchies. Ces branchies sont des pièges à oxygène : le poisson prend de l'eau dans sa bouche puis la rejette par les opercules. Au passage, les branchies piègent l'oxygène qui se fixe dans le sang et, comme le sang circule partout dans le corps, c'est lui qui va distribuer l'oxygène.

C'est exactement le même système chez les hommes : quand tu respires, tu fais rentrer de l'air dans tes poumons. C'est là que l'oxygène est capturé par le sang, puis distribué partout dans ton corps, le sang étant le véhicule qui transporte l'oxygène.

Un jour où vous achetez un poisson, une petite daurade, par exemple, faites découvrir les branchies à l'enfant. Faites passer un crayon dans la bouche du poisson : il le verra ressortir par l'opercule.

une petite armure d'écailles

Les écailles se recouvrent comme les tuiles d'un toit et ont une jolie couleur. Elles protègent le poisson pour qu'il ne se blesse pas quand il longe un obstacle.

Faites prélever des écailles à l'enfant en grattant de la queue vers la tête. Regardez l'implantation des écailles qui ont la forme de lamelles rondes et brillantes. Elles se laissent soulever par leur bord arrière (c'est pour cela qu'il faut gratter de la queue vers la tête) et sont fixées au corps du poisson par leur partie avant. On voit très bien qu'elles se recouvrent en partie.

Les écailles sont flexibles, mais très résistantes. Elles protègent le poisson et, par leur disposition, permettent aussi un bon glissement dans l'eau.

Si l'enfant aime bien voir « ce qu'il y a dedans », vous pouvez vider le poisson devant lui, lui montrer foie, cœur, intestins, mais surtout la vessie natatoire (cette poche à paroi très mince, remplie d'air, dont le volume augmente quand le poisson va nager vers la surface et diminue quand il descend au fond de l'eau).

pauvres enfants abandonnés

Les femelles pondent des centaines d'œufs. Mais tous ne deviennent pas des petits poissons, car beaucoup d'œufs se font manger par d'autres poissons. Ces œufs s'appellent le frai et les petits poissons qui arrivent à éclore sont les alevins. La maman et le papa poisson ne s'occupent pas de leurs bébés. Une fois que les œufs sont pondus, ils les abandonnent dans l'eau. Si les œufs ne se font pas manger tout de suite, les petits devront survivre par eux-mêmes dès qu'ils seront devenus des alevins : trouver leur nourriture, échapper à tous les ennemis qui les attendent pour les avaler ! Imagine un peu la vie du petit poisson !

petit rappel

- Le poisson est un vertébré.
- Sa peau est recouverte d'écailles.
- Il respire dans l'eau grâce à des branchies.
- Ses membres sont devenus des nageoires.
- Il pond des œufs. Les parents ne s'occupent pas des petits.

- Combien de nageoires un poisson possède-t-il ?
 À quoi lui servent-elles ? Peux-tu dire leur nom ?
- Comment un poisson respire-t-il ?
- Que mange-t-il ? (S'il vit dans un aquarium, il mange le plus souvent de la nourriture lyophilisée.)
- Connais-tu le nom de quelques poissons de mer ? d'eau douce ?
- Comment peut-on attraper les poissons ?
- Pourquoi faut-il renouveler l'eau des aquariums où vivent les poissons ? (Pour pallier le manque d'oxygène et nettoyer les salissures dues au transit intestinal des poissons.)

Qui traîne son ventre par terre ?

Le reptile, évidemment. C'est aussi un vertébré.

Avec ou sans pattes, ils rampent

Si l'on veut que l'enfant se souvienne bien des reptiles, il faut commencer par lui montrer des animaux aussi différents qu'un serpent, un lézard, une tortue ou un crocodile. À chaque fois, attirez son attention sur la manière de se déplacer de l'animal :
- Un serpent qui avance ondule, car il n'a pas de pattes. Cette manière d'avancer s'appelle la reptation, d'où le nom de reptiles ;
- Un lézard a des pattes, il se déplace rapidement, mais ne se dresse pas sur ses pattes. Quand il marche, il traîne son ventre par terre et se sert de ses pattes pour se pousser en avant ;
- La tortue marche tout doucement, encombrée par sa lourde carapace, mais – comme c'est curieux ! – elle aussi traîne son ventre par terre et se sert de ses pattes pour se propulser vers l'avant !

Parmi ces trois espèces tellement différentes, il y a une ressemblance qui les fait classer parmi les reptiles : s'ils ont des pattes, elles ne les portent pas. Elles ne font que les pousser en avant car elles sont attachées sur le côté du corps. Ils ne marchent pas, ils rampent.

Service à la carte

La tortue de terre mange des feuilles, des légumes, des fruits, mais aussi des vers et des limaces. Ses lèvres sont en corne (comme un bec) et sont dures, ce qui lui permet de couper les herbes. La tortue d'eau peut devenir très grande, elle est carnivore.
Les crocodiles, les lézards et les serpents ont des dents, ils se nourrissent d'insectes ou d'animaux. Attention, le crocodile n'hésite pas à s'attaquer à l'homme !
Les dents des serpents sont nombreuses, mais trop petites pour mâcher une proie. Leur bouche s'ouvre très grand et ils l'engloutissent entière, plumes ou poils compris !

Croco, gare à ta peau !

La peau du serpent et du crocodile ressemble à des écailles mais, à l'inverse du poisson, on ne peut pas les enlever une à une, car ce serait toute la peau qui s'en irait. Avec leur peau, on fabrique des ceintures et des sacs.
La peau de la tortue a beaucoup épaissi et s'est transformée en carapace dont on fait des objets en écaille.

Mais où est donc maman ?

Pour se reproduire, les reptiles pondent des œufs dont la coquille est plus ou moins dure. Mais les mamans, une fois les œufs pondus, ne s'en occupent plus. Elles confient au soleil, ou quelquefois à la chaleur du fumier (notamment pour les serpents), le soin de les faire éclore et les pauvres bébés ne connaissent jamais leur maman. Quand ils viennent au monde, ils sont obligés de se défendre eux-mêmes et de chercher leur nourriture.

Même pas peur !

Si l'enfant n'est pas trop émotif, lors d'une visite au zoo, vous pouvez lui apprendre à faire la différence entre une couleuvre et une vipère.

Montrez-lui que la vipère, qui est un serpent dangereux, se reconnaît au fait qu'elle a un cou bien marqué, une tête couverte de petites écailles et qu'elle porte sur son front son initiale « V », inscrite en sombre. Son ventre est bleuté et elle est beaucoup moins longue que son inoffensive cousine, la couleuvre. Pour se nourrir, elle tue d'abord sa proie avant de l'avaler.

La tête de la couleuvre est recouverte de larges écailles, elle est beaucoup plus longue que la vipère, et son ventre est blanc. Sur sa tête, aucune inscription. La couleuvre n'hésite pas à avaler une souris ou une grenouille vivante en commençant par la tête.

L'enfant ne manquera certainement pas de vous parler des serpents qui « piquent », car les enfants confondent la langue fourchue du serpent avec un dard. Non, ils ne piquent pas. En revanche, il y a des serpents qui mordent. La vipère, par exemple, a dans sa bouche des crochets qui sont creux au milieu et reliés à une glande à venin.

Quand la vipère a la bouche fermée, ces crochets sont couchés ; mais, quand elle ouvre la bouche, ils se relèvent et elle va, comme deux harpons, les planter dans sa proie. Le venin s'écoule alors dans la plaie faite par les crochets et l'animal mordu meurt très rapidement. Il y a des serpents qui ont des venins beaucoup plus forts que celui de la vipère : le serpent à sonnettes et le cobra, par exemple. Mais ces serpents ne vivent pas en France.

L'enfant ne manquera pas non plus de parler du boa qu'il a pu voir au cinéma ou au cirque. Vous pouvez lui expliquer que le boa n'est pas un serpent venimeux. Quand il veut manger et qu'il trouve une proie (un lapin, par exemple), il s'enroule autour d'elle, il l'étouffe, l'écrase, la mouille de bave, puis l'avale sans mâcher en commençant par la tête, et avec tous ses poils !

Après l'avoir avalée, le boa mettra longtemps à digérer ; quelquefois, cela peut durer plusieurs jours. Pendant tout ce temps, il est inoffensif et ne bouge presque pas. Alors, si, au cirque, on vous présente un boa, n'ayez pas peur, soyez assurés qu'il a bien mangé avant d'entrer en scène et qu'il n'a aucune envie de recommencer. En fait, il aimerait mieux aller dormir !

Notre ami le lézard

Profitez d'une belle journée ensoleillée pour aller observer d'un peu plus près les lézards. On peut les rencontrer facilement, dans tous les lieux bien secs et exposés au soleil. Ils sont souvent sur un vieux mur ou sur des pierres. Si vous en avez repéré un, restez tranquilles car le lézard entend très bien et, au moindre bruit insolite, il se sauve.

L'enfant aime l'observer et il n'est pas rare de voir un lézard capturer une proie qui passe à sa portée : une mouche ou un petit ver, par exemple. Observez sa bouche très fendue et sa langue fourchue comme celle du serpent, qui fait souvent croire aux gens que le lézard « pique ». Cette langue est très collante et, dès qu'elle touche un insecte, elle l'immobilise. Ainsi, il ne peut plus se sauver et devient une proie facile à avaler. Pour l'homme, c'est un animal tout à fait inoffensif.

Vous verrez peut-être aussi des tout petits lézards qui sont déjà autonomes. Les œufs ne sont pas couvés par la mère ; donc, dès la naissance, il faut que les jeunes se débrouillent tout seuls. Pas de maman ou de papa pour les faire manger !

Si vous êtes assez patients et adroits, vous pouvez attraper un lézard. Mais attention, évitez de le saisir par la queue. Elle risque de se casser et de rester dans votre main, tandis que le lézard se sauvera. Cela ne va d'ailleurs pas le gêner très longtemps car sa queue repoussera. Il y a souvent des lézards qui ont une queue d'une couleur différente de celle de leur corps : c'est qu'à un moment ils avaient perdu leur queue et qu'elle a repoussé.

Si, un jour, à la campagne, vous avez l'occasion d'attraper un orvet, sachez que c'est un cousin non du serpent, mais du lézard. Il garde ses pattes cachées sous sa peau.

Vous pouvez inciter l'enfant à inventer des histoires de lézards. Ils prennent un bain de soleil, ils vont se cacher dans une anfractuosité du mur pour épier une proie, etc. À vous d'imaginer une histoire avec et pour l'enfant.

petit rappel

• Les reptiles peuvent avoir ou non des pattes, mais celles-ci ne servent pas à marcher, ils rampent.
• Ils peuvent aussi avoir une carapace (tortues) ou des écailles, mais différentes de celles du poisson (lézards, serpents).

- Connais-tu des animaux autres que les poissons qui n'ont ni plumes ni poils ?
- À quoi ressemble leur peau ? Est-ce que tu peux leur enlever facilement une écaille ?
- Qu'est devenue la peau du corps des tortues ?
- Quand vous rencontrez un lézard, demandez à l'enfant s'il connaît un très grand lézard qui est dangereux pour l'homme. (Le crocodile.)
- Les lézards sont-ils utiles ou nuisibles ?
- Pourquoi dit-on que le lézard est un reptile ?
- Il y a deux sortes de tortues. Les connais-tu ? (Tortues de terre et d'eau.)
- Une vipère est-elle dangereuse ?
- Comment reconnais-tu une couleuvre d'une vipère ?
- Une couleuvre peut-elle nager ? (Oui, elle ondule très vite avec son corps.)
- Les reptiles ont-ils des dents ?

c'est la fête à la grenouille

Découvrons maintenant la dernière catégorie des vertébrés : les amphibiens. Les plus faciles à approcher par l'enfant sont les grenouilles.

Où rencontrer des grenouilles ?

Elles se tiennent volontiers dans des endroits humides – près d'une mare, d'une rivière ou dans des sous-bois marécageux –, jamais dans des endroits secs.

Vous vous rendrez compte de la présence d'une grenouille en entendant son cri rauque, peu agréable. On dit qu'elle coasse, à ne pas confondre avec le corbeau, qui croasse. Ou alors vous entendrez un grand « plouf » dans l'eau : elle vous a entendu arriver et a plongé.

Elle a de bonnes oreilles, il faut donc être très silencieux pour pouvoir l'observer.

Lorsque vous allez apercevoir, immobile, une grenouille, l'enfant vous dira qu'elle est assise : ses pattes arrière sont repliées, son corps oblique est en appui sur les pattes de devant.

La grenouille rousse, et sa sœur, la grenouille agile, ont une peau généralement brunâtre avec une tache noire oblique sur chaque tempe et une tache noire en V renversé entre les épaules.

Elles se tiennent le plus fréquemment dans les champs et les prés humides. C'est elles que vous pouvez attraper le plus facilement si vous êtes en promenade car, 11 mois par an, elles vivent sur terre, et ne vont dans l'eau que pendant le mois d'avril, pour y pondre.

Elles ont une cousine, la grenouille verte, d'un habit jaune verdâtre parsemé de taches sombres, qui habite près d'un étang ou d'une mare et qui plonge à la moindre alerte.

Elle veut bien se montrer, mais de loin, trônant sur une feuille de nénuphar, hors d'atteinte.

Essayez d'attraper une grenouille : c'est une belle partie de chasse et l'enfant n'est pas le dernier à y prendre part. Souvent, il vous faudra vous contenter d'une petite grenouille, mais elle sera parfaite pour l'observation.

Des pattes à la tête

Première constatation : la peau de la grenouille est nue et fraîche. Au toucher, la grenouille paraît froide. Sa température varie en fonction de l'endroit où elle se trouve : si l'eau est à 18 °C, la grenouille aura une température de 20 à 21 °C. Elle aura toujours une température supérieure de deux à trois degrés à celle de l'endroit où elle vit. C'est pourquoi, quand on la touche, on a cette impression, car, comme tous les mammifères, nous avons une température constante aux environs de 37 °C, même si le thermomètre affiche zéro degré à l'extérieur.

Regardons maintenant la tête de la grenouille. Elle est très large et plate, avec une bouche « fendue jusqu'aux oreilles ». Mais où sont ses oreilles ? C'est vrai, elle entend très bien, nous avons eu l'occasion de le constater, mais ses oreilles ne sont pas visibles. En fait, elle n'a pas de pavillons. Elle a derrière les yeux deux trous ronds recouverts d'une membrane, comme le haut d'un tambour : ce sont les tympans. Ils captent le moindre bruit et en avertissent la grenouille. Ses yeux sont gros et saillants, et sa paupière inférieure est très développée. En avant de sa tête, on aperçoit deux narines. La grenouille respire en dehors de l'eau, elle a donc des poumons. Elle peut rester assez longtemps sous l'eau, mais, au bout d'un certain temps, elle est obligée de remonter à la surface.

Voyons ses pattes. Elles sont placées sur le côté du corps, de sorte que le ventre de la grenouille est presque par terre. Mais ce n'est pas un reptile, car elle ne rampe pas : elle saute et elle nage.

Regardez les pattes de derrière : deux grosses cuisses, très longues, et, en dessous, les jambes qui sont repliées sous les cuisses, puis les pieds avec cinq doigts longs et reliés entre eux par une peau fine. On dirait que le pied de la grenouille est chaussé de palmes, comme celui du canard.

Une langue attrape-mouches

La grenouille se nourrit de larves, d'insectes qu'elle attrape de manière curieuse. Peut-être aurez-vous l'occasion de la voir capturer un insecte qui passe à sa portée...

Sa langue, collante, est attachée, non au fond de la bouche, mais tout devant, près de la lèvre inférieure. Un insecte passe et elle lance sa langue sur lui comme une tapette à mouche ! La colle retient l'insecte. La grenouille n'a plus qu'à le ramener à sa bouche d'où l'insecte ne peut pas s'échapper car sa mâchoire supérieure est pleine de toutes petites dents qui font comme une barrière et ferment la bouche jusqu'à ce qu'elle ait avalé sa proie.

Têtard, comme tu as changé !

Si vous avez l'occasion de voir l'enfant régulièrement, vous pouvez le faire assister à la métamorphose des grenouilles. Au printemps, il faudra trouver une mare avec des œufs de grenouille. Ils sont facilement reconnaissables, car ils forment à la surface de l'eau un amas de gelée avec des petits points noirs (le germe de l'œuf). Placez ces œufs dans un bocal avec quelques herbes aquatiques et de l'eau. Laissez-le tout près d'une source de chaleur (un radiateur, par exemple). Très vite, cette petite boule noire va se transformer. Elle va d'abord s'étirer, puis une petite queue va pousser. À l'autre bout, la tête va prendre forme. De chaque côté va pousser une touffe de petits filaments : les branchies. Ce petit animal, avec sa grosse tête (c'est pour cela qu'on l'appelle têtard), va se mettre à bouger en remuant sa queue. Le têtard va se nourrir des herbes aquatiques et grossir. À ce stade, il reste entièrement dans l'eau où il respire grâce à ses branchies, tout comme les poissons ; mais sa transformation est loin d'être terminée. Quand le têtard a atteint une certaine taille (1 cm environ), il lui pousse deux petites pattes de chaque côté de la queue, puis, peu après, apparaissent les pattes de devant, près de la tête. En même temps, les branchies disparaissent et la taille de la queue diminue. Le petit têtard se transforme en grenouille. La ressemblance augmente chaque jour et la queue disparaît complètement. La grenouille se déplace maintenant en nageant avec ses pattes et doit sortir sa tête de l'eau pour respirer. La métamorphose est terminée.

Le bocal est maintenant devenu trop petit pour les petites grenouilles et il est grand temps de les ramener à la mare si l'on ne veut pas les voir mourir de faim !

Si vous voulez, vous pouvez en garder une ou deux dans un petit aquarium. Installez dedans une petite échelle et un ou deux bouchons de liège. Vos petites grenouilles – mais cela est à vérifier... – vous annonceront que le temps va se mettre à la pluie (si elles se tiennent dans l'eau) ou qu'il va faire beau (si elles restent sur le bouchon de liège). Des grenouilles météorologistes, voilà qui est encore plus amusant que des poissons rouges ! Mais attention, elles ne mangent que des mouches vivantes ; réfléchissez avant de vous lancer dans cette aventure et, surtout, n'oubliez pas que les grenouilles sautent très bien ; alors, ayez soin de recouvrir votre aquarium si vous ne voulez pas faire la course avec elles dans l'appartement.

Très originaux, tes cousins !

La grenouille a deux cousins dans l'ordre des batraciens :
- Un qui, comme elle, n'a pas de queue, mais une peau couverte de verrues. Il n'est pas très joli à regarder, mais il n'est pas méchant du tout et, surtout, il est très utile dans les jardins : le crapaud ;
- Un autre qui, pendant sa métamorphose, garde sa queue, vit dans des endroits très humides, et qui, malgré sa parenté avec la grenouille, ressemble plus à un lézard d'eau : la salamandre.

Petit rappel

- Les grenouilles sont des batraciens.
- Les batraciens sont des vertébrés.
- Ils respirent par des branchies à la naissance.
- Ils subissent une métamorphose.
- Ils sont à température variable.
- Ils ont une peau nue.

Amusez-vous avec l'enfant

- La grenouille entend-elle les bruits ? Où sont ses oreilles ?
- Peut-elle fermer les yeux ?
- Quand elle a disparu sous l'eau, peut-elle y rester aussi longtemps qu'elle veut ?
- Comment fait-elle pour reprendre de l'air ?
- Pourquoi pêche-t-on la grenouille ? (Pour manger ses cuisses, c'est un mets apprécié.)
- Comment s'appelle le cri de la grenouille ?
- Comment sont les doigts des pattes arrière ?
- Comment est la peau de la grenouille : lisse ou couverte d'écailles ? sèche ou humide ?

Des petites maisons pour les mollusques

Le jour où vous mangerez des moules, des huîtres ou des escargots, l'enfant constatera très vite que c'est « tout mou ». Il n'y a pas de squelette, pas d'os, ce sont des invertébrés à corps mous. C'est à cause de leur mollesse qu'on appelle certains de ces animaux des mollusques. Au cours de nos pérégrinations, nous allons montrer à l'enfant différentes « maisons de mollusques ».

Lui, escargot tout chaud

Le mollusque qui amusera le plus les enfants est incontestablement l'escargot. On en trouve facilement et l'escargot se prête bien à l'observation et au jeu.

Sa coquille est très jolie : en forme d'hélice, elle est faite d'une seule pièce. Dès qu'on la touche, l'escargot, effrayé, se retire dans ses appartements. Laissez-le au repos, sans le toucher, et voilà que le curieux veut savoir ce qu'il se passe. Il sort lentement et on voit apparaître une tête, puis il déploie une chair dont la peau est grise et humide : c'est le pied.

Une partie de son corps reste à l'intérieur de la coquille. De plus en plus rassuré, il sort de sa tête quatre cornes. Au bout des deux plus grandes se trouvent deux points noirs brillants : les yeux. Les deux autres cornes servent simplement au toucher. Les quatre cornes sont très sensibles. Demandez à l'enfant d'en toucher une très légèrement, et aussitôt l'escargot la rentre.

Observons la marche de l'escargot. Il allonge sa tête en avant, l'arrête, ramène l'arrière de son corps, déplace à nouveau sa tête, tout cela sans que son pied se détache du sol. Il progresse très lentement et laisse derrière lui une traînée visqueuse. Vous pouvez aussi ramener quelques escargots à la maison et les regarder grimper par en dessous en les faisant avancer sur une vitre.

Quelquefois, on trouve des coquilles d'escargots vides. Ce n'est pas parce que leur propriétaire a déménagé, mais parce qu'il est mort et que son cadavre a été mangé par des fourmis. L'escargot a aussi des ennemis : les hérissons et les corbeaux sont friands de sa chair et ne se lassent pas de lui faire la chasse.

Tous les mollusques qui ont une coquille en forme de spirale (parmi eux, il y a beaucoup de coquillages marins) et qui rampent sur un pied charnu sont de la famille des escargots. Un petit jeu : ramassez quelques escargots, et organisez une course. L'enfant en a un ou deux et vous le même nombre, on fixe une limite pas trop éloignée et on voit lequel est le plus rapide. Le premier arrivé fait gagner une glace à son propriétaire !

Si vous décidez de faire un élevage d'escargots, n'oubliez pas de leur laisser à manger. Ils aiment particulièrement les feuilles tendres de la laitue. Humectez de temps à autre le sol de leur cage. Si vous habitez la campagne, ne laissez pas votre escargot se promener dans le jardin potager, il ferait plein de bêtises.

Fermé comme une huître

Mieux encore que chez l'escargot, on voit chez l'huître ou la moule la manière dont elles ont fabriqué leur coquille protectrice et comment cette coquille a grandi avec elles.

Faites remarquer à l'enfant les lignes qui marquent les agrandissements successifs de la coquille. Faites-la-lui toucher pour lui montrer à quel point elle est rugueuse.

Ensuite, ouvrez-la et montrez à l'enfant que vous devez sectionner un muscle très solide avec lequel l'huître retenait la partie peu bombée de sa coquille, que vous pouvez maintenant ouvrir comme le couvercle d'une boîte. Dans la partie profonde de la coquille repose l'huître, toute molle, baignant dans une flaque d'eau salée.

La coquille est très jolie, toute nacrée à l'intérieur. Montrez à l'enfant ses teintes irisées, faites-lui toucher sa paroi lisse.
Mais la gourmandise a ses droits ! Arrosez l'huître de quelques gouttes de citron et regardez comment elle se rétracte : cela prouve qu'elle est prête à être dégustée.

On découvre un autre petit muscle, beaucoup moins fort que le premier. Mais à quoi servent donc ces muscles ? L'huître en a besoin pour s'enfermer dans sa maison et se protéger en tenant bien serré le couvercle de sa coquille. Quand elle ne se sent pas menacée, elle entrebâille sa coquille pour laisser entrer l'eau de mer et se nourrir (elle mange les minuscules substances qui se trouvent dans l'eau de mer).

Il arrive qu'un hôte indésirable s'installe chez elle : un tout petit ver ou un gros grain de sable. Comme l'huître n'arrive pas à s'en débarrasser, elle le neutralise en l'enfermant dans une prison de nacre. Et sais-tu ce que deviennent les prisonniers ? Ce sont eux qui forment les jolies perles dont on se sert pour faire des bijoux. D'ailleurs, les hommes, qui apprécient beaucoup les perles, n'attendent pas qu'un grain de sable ou un petit ver viennent dans les huîtres. Ils préfèrent les élever et, à un moment donné, y introduisent volontairement un grain de sable au lieu de laisser faire le hasard.

Les hommes les élèvent en leur installant des abris pour se fixer, puis, quand elles sont plus grandes, on les transporte dans des parcs où elles finissent de grossir. Cette culture des huîtres s'appelle l'ostréiculture.

Des sacs à ventouses

Chez les mollusques, il y a encore la famille poulpe : en font partie le poulpe, la seiche et le calmar ; ils n'ont pas de maison dure. Vous pouvez trouver des petites seiches chez le poissonnier. L'enfant aura tout loisir de les observer, de les toucher, de sentir, s'il n'est pas trop émotif, l'adhérence des ventouses. Faites-lui remarquer qu'elles n'ont pas de coquille.

On voit bien sa tête ; le reste de son corps est enfermé dans une sorte de sac. Sur la tête, on distingue deux gros yeux, et une bouche entourée d'une couronne de bras garnis de ventouses. Les seiches sont carnivores et s'attaquent souvent aux mollusques ou aux petits crustacés, qu'elles percent grâce à leur bec crochu, très solide, pendant qu'avec leurs bras à ventouses, elles immobilisent leur proie.

Pour se déplacer, elles contractent vivement le sac qui entoure leur corps, chassant ainsi l'eau, ce qui leur fait faire un bond en arrière. Elles ont une petite astuce dans leur sac : quand elles ont peur et pour se dissimuler pendant leur fuite, elles sécrètent sous leur manteau un liquide noir, l'« encre », qui, expulsé et au contact de l'eau, rend celle-ci opaque et les cache à leurs ennemis.
Comme leur corps est très mou, pour lui donner un peu plus de tenue, elles ont une sorte de coquille interne ; on l'appelle « os de seiche », que tu as peut-être déjà vu dans les cages des oiseaux ; on leur donne souvent un de ces os pour qu'ils puissent aiguiser leur bec.

Elles se reproduisent en pondant des œufs qu'elles mettent en grappe et colorent avec le liquide noir. Si, un jour, tu rencontres ces œufs sur la plage, ne les prends pas pour une grappe de raisin, car ils y ressemblent ; d'ailleurs, on les appelle « raisins de mer ».

Petit rappel

Les mollusques ont un corps mou et pondent des œufs.
Il en existe différents types :
• L'escargot : la tête, le pied et les organes sont enfermés dans une coquille ;
• L'huître : elle n'a pas de tête distincte, mais elle a un pied, enfermé dans une coquille à deux valves ;
• La seiche : elle a une tête distincte, son corps est enveloppé dans un « manteau » et elle a des tentacules.

- Comment à ton avis grandit la coquille de l'escargot ?
- Que fait le corps de l'escargot quand il rampe ? (Placez l'escargot sur une vitre et regardez de l'autre côté pour voir le pied de l'escargot par en dessous.)
- Peut-on voir où un escargot est passé ?
- Que mange-t-il ?
- Sa tête porte des cornes molles. À quoi servent-elles ? Comment les sort-il ou les rentre-t-il ?
- Peux-tu voir les yeux de l'escargot ?
- Quand as-tu le plus de chances de rencontrer des escargots ?
- Les huîtres sont bonnes à manger. Connais-tu d'autres coquillages recherchés pour la nourriture ? (Moules, coques, palourdes, coquilles Saint-Jacques.)
- Sais-tu comment s'appelle l'élevage d'huîtres ? (Ostréiculture.) Des moules ? (Mytiliculture.)
- Comment grandissent les coquilles des huîtres ?
- Que fait l'huître quand elle avale un corps étranger ?

L'oursin et sa cousine, l'étoile de mer

Les oursins et les étoiles de mer alimentent l'imaginaire des enfants et, dans un aquarium, c'est vers eux que convergent tous les regards. La carapace de l'oursin, souvent trouvée au bord de la mer, séduit par son côté insolite : elle ne ressemble pas à un coquillage. Les découvrir « vivants » change tout.

Tout plein de piquants

Comment fait l'oursin pour se déplacer ? Pourquoi a-t-il tous ces piquants ? Comment fait-il pour manger ?
En l'observant, vous pouvez expliquer aux enfants que ses piquants lui servent de protection, il peut les bouger légèrement. Pour se déplacer, il se sert de tubes munis de ventouses qu'il peut sortir à volonté de sa carapace et qui lui permettent de se fixer sur les parois rocheuses. Il a une bouche au milieu de sa partie ventrale qui lui permet de manger des petits animaux. Sur la partie dorsale se situe l'anus.
À cause de son aspect extérieur, on l'appelle encore châtaigne de mer ou hérisson de mer. Il ne peut pas nager

Petites étoiles vivantes

L'étoile de mer, comme l'oursin, est très décorative. Elle a cinq branches situées autour d'une partie centrale et, comme l'oursin, une bouche sur la partie ventrale et un anus sur la face dorsale. Les branches, bien que rugueuses, peuvent bouger faiblement. Elle peut aussi sortir des tubes munis de ventouses pour se déplacer. Elle avance en rampant et se nourrit de petits animaux marins. Elle est carnivore : elle adore notamment les petites moules.

Petit rappel

• Le corps de l'oursin est entouré d'une enveloppe rigide avec des piquants mobiles.
Il se déplace grâce à des tubes munis de ventouses.
• Le corps de l'étoile de mer est formé d'un disque central avec 5 branches.
Sa peau est incrustée de plaques calcaires.
Elle se déplace grâce à des tubes munis de ventouses.

En présence d'un oursin :
- Comment l'oursin fait-il pour se déplacer ?
- À quoi servent ses piquants ?
- Comment fait-il pour s'accrocher à un rocher ?
- Comment appelle-t-on encore l'oursin ?
- Que trouve-t-on sous les piquants ? (Une carapace avec des petits trous.)
- Où est la bouche de l'oursin ? (Sur la partie inférieure, et l'anus se trouve à l'opposé.)
- A-t-il des yeux ? (Non)
- Où vit-il ? (Dans la mer ou quelquefois dans les étangs salés.)

En présence d'une étoile de mer :
- Combien de branches forment l'étoile ? (5)
- Au centre de l'étoile, qu'y a-t-il ? (La bouche.)
- Observe les bras de l'étoile, sont-ils identiques au-dessus et en dessous ?
- Que vois-tu au-dessus ? (Des petits piquants.)
- Et en dessous ? (Deux rangées de petits tubes terminés par une ventouse.)
- À quoi servent-elles ? (À marcher et à se fixer.)
- Que mangent les étoiles de mer ? (Elles sont carnivores.)

Les mangeurs de terre

Par temps humide, le ver de terre est facile à rencontrer dans tous les endroits où il y a de la terre. On a tellement l'habitude de le voir qu'on ne pense pas à s'intéresser à ce tube plus ou moins long, rougeâtre, et qui se tortille pour avancer. C'est vrai qu'il n'attire pas les caresses, car il paraît toujours humide et gluant.

Un long tube

Regardons-le quand même d'un peu plus près. Cherchez la tête. On ne la voit pas, il n'a pas d'yeux, pas de nez, pas d'oreilles. Tout ce qu'on voit, c'est un tube formé d'anneaux, effilé aux deux extrémités. Dans un des tiers, il y a un léger renflement. C'est de ce côté que se situe la bouche. Ce qui frappe surtout, c'est la cinquantaine d'anneaux dont il est formé. En passant légèrement un doigt le long de ce tube, on sent comme des petits poils raides sur le côté et sur le ventre. Ils lui servent à s'agripper et à ramper : ce sont les soies locomotrices.

D'ailleurs, le ver de terre rampe d'une manière curieuse : il enroule l'arrière de son corps sous l'avant, puis se détend et s'allonge. On le rencontre par temps humide car, par temps sec, sa peau se durcit, ne peut plus fixer l'oxygène de l'air et il meurt.

Aussi recherche-t-il l'humidité en creusant des galeries dans la terre. Il creuse avec sa bouche et avale la terre au fur et à mesure. Cette terre passe à travers son corps, il y puise tout ce dont il a besoin pour se nourrir et, quand il a tout pris, il la rejette par l'autre bout, en faisant des petits tortillons de terre. En cela, il est l'ami du jardinier car il ameublit le sol, sans faire de dégâts comme la taupe. En hiver, il se terre au fond de sa galerie où il attend tranquillement le retour du printemps.

Il présente une curiosité : son corps étant formé d'anneaux, il n'a pas une zone vitale précise. Si le jardinier donne un coup de bêche malheureux, coupant le ver en deux, il ne le tue pas. Le ver cicatrisera rapidement et reconstituera la partie manquante de chaque moitié. Ce qui donnera deux vers !

Petit rappel

- Le ver de terre est un invertébré.
- Son corps est formé d'anneaux.
- Il n'a pas de membres.
- Il respire par la peau.
- Il se nourrit de terre végétale.

- Comment le ver se nourrit-il ?
- Pourquoi en trouve-t-on beaucoup dans le terreau ?
- Pourquoi les jardiniers apprécient-ils les vers ?
- Recherchez des tortillons de terre sur les pelouses.
- Pourquoi sortent-ils davantage les jours de pluie ?
- Est-ce que, dans le bac à sable du parc, tu peux trouver des vers ?
- Il y a des gens qui ramassent des petits vers. Pourquoi ?

De la vie sous les carapaces

Les crustacés vivent dans l'eau des étangs ou des rivières (eau douce), ou dans la mer (eau salée). Dans l'eau douce, ce sont les écrevisses. Dans l'eau de mer, ce sont les homards, les crevettes, les langoustes et les crabes.

À l'étroit

Si, un jour, vous dégustez des écrevisses, tâchez d'attirer l'attention de l'enfant sur la différence de taille : les petites sont les plus jeunes, les grosses les plus âgées. Mais alors, comment fait l'écrevisse pour faire « pousser » sa carapace ? Voilà comment cela se passe : quand sa carapace commence à la gêner parce qu'elle y est trop à l'étroit, l'écrevisse la quitte comme on ôterait un manteau devenu trop petit. Seulement, il n'y a pas de magasin pour s'acheter un habit plus grand, il faut en fabriquer un. Alors, pendant un certain temps, elle va être toute nue et très vulnérable, car elle devient une proie facile pour certains poissons qui ne demanderaient pas mieux que de la manger. Aussi, la petite écrevisse se cache sous des pierres, grandit et, quand elle a fini, petit à petit, grain par grain, une matière dure comme de la pierre se dépose sur sa peau. Ce changement de carapace s'appelle la mue. Cette matière forme comme une croûte, c'est pour cela qu'on appelle les animaux de la famille des écrevisses des crustacés.

Des carnivores

Regardez maintenant de plus près une écrevisse. Que peut-on distinguer ? Elle a une tête, un thorax qui est immédiatement rattaché à la tête (il n'y a pas de cou) et une queue. Elle a cinq paires de pattes. La première paire se termine par des pinces fortes et renflées. Les quatre autres paires lui servent à marcher. En avant de la tête, il y a deux paires d'antennes qui lui servent à toucher et deux yeux noirs et brillants qui sont montés sur des tiges courtes et mobiles.
Les écrevisses sont essentiellement carnivores, montrant une prédilection pour les viandes pourries. Elles sont donc très utiles car elles débarrassent les rivières des cadavres des animaux. Leurs cousins, les crabes, en font autant sur les plages.
Voilà. Maintenant, il ne vous reste plus qu'à lui apprendre à décortiquer les pinces et les queues, et à déguster ce plat de choix.

petit rappel

- L'écrevisse n'a pas de squelette interne.
- Son corps est soutenu et protégé par une carapace calcaire.
- Sa tête et son thorax sont soudés et portent les yeux, deux antennes (siège du toucher et de l'odorat), une bouche.
- Elle possède cinq paires de pattes ; la première est munie de fortes pinces.
- L'abdomen est formé de six anneaux articulés et d'une nageoire.
- Elle vit dans les ruisseaux et les étangs.
- Sa carapace subit des mues pour grandir.
- Elle se reproduit par œufs.

- Est-ce que l'écrevisse vit dans la mer ?
- Connais-tu des cousins de l'écrevisse qui vivent dans la mer ? (Homard, langouste, crevette, crabe.)
- La carapace ne grandit pas avec l'écrevisse. Comment fait-elle quand elle est devenue trop petite ?
- Que mangent les écrevisses ?
- Quand on va pêcher des écrevisses, qu'utilise-t-on ? (Une balance avec un appât de viande avariée.)
- Le corps des insectes se divise en trois parties. Et celui des écrevisses ?
- Comment fait une écrevisse pour marcher ? (Elle se sert de ses pattes et de ses pinces.) Et pour nager ? (Elle bat l'eau avec son abdomen et les nageoires qu'elle a au bout de sa queue. Résultat : elle recule !)
- Quelle est la couleur de l'écrevisse vivante ? Et de celle qui est dans ton assiette ?

Le monde fascinant des insectes

Souvent, les adultes regardent les insectes avec une certaine méfiance et ils communiquent cette peur aux enfants, de même qu'une certaine répulsion. Mais c'est un monde fascinant, et qui peut amuser prodigieusement nos chers petits.

L'œil de la mouche

La mouche est l'insecte le plus facile à observer. Pour cela, une loupe peut rendre de grands services. Où trouver une mouche en été ? C'est très facile : mettez un peu de lait sucré dans une assiette et attendez. Elle va arriver très vite. Ne faites pas de mouvements brusques et elle se laissera facilement observer, car elle est plus gourmande que peureuse.

Observez d'abord sa tête. Elle a des yeux très grands. Ils sont taillés comme une pierre précieuse : chaque facette est un petit œil à part. Elle n'a pas besoin de tourner la tête, elle voit partout : devant, derrière, sur le côté. Sa tête porte deux antennes qui lui permettent de tâter tout ce qui est à sa portée. Les antennes sont un peu comme ses mains. Sous la tête, on voit sa bouche. Elle ressemble à une petite trompe courte qui est élargie vers le bas comme une trompette. On peut d'ailleurs voir comment elle aspire le lait de la soucoupe.

Un corps d'acrobate

Regardez son corps. Il ressemble à un étui rigide sur lequel sont fixées les ailes et trois paires de pattes. Cette partie s'appelle le thorax ou corselet, car elle est rigide comme un corset. La mouche a deux ailes qui sont toutes fines et transparentes, mais, à l'intérieur, il y a des nervures qui assurent leur rigidité, exactement comme les baguettes qui soutiennent la voilure du cerf-volant. À l'extrémité des pattes, il y a une paire de petites griffes et, juste en dessous, comme une petite paire de chaussures sous la semelle desquelles il y a des ventouses ; c'est grâce à elles que la mouche peut marcher le long des vitres ou sur le plafond sans tomber ni glisser.

La dernière partie du corps de la mouche ressemble à un œuf allongé : c'est l'abdomen. Il est formé de plusieurs anneaux. Le corps de la mouche est recouvert de tout petits poils qui accrochent des fines particules. Avec ses pattes, la mouche fait sa « toilette ». Mais elle n'est pas propre, car elle se pose n'importe où, aussi bien sur des choses malpropres comme la poubelle ou une crotte de chien que sur la tarte qu'on vient de faire cuire, ou sur ton visage quand tu fais la sieste. Elle peut facilement contaminer tout ce qu'elle touche.

Insectes, tous pareils ?

Au cours des promenades avec l'enfant, vous rencontrerez toutes sortes d'insectes. Comme avec la mouche, repérez la tête, le thorax et l'abdomen. Les insectes ont toujours six pattes. La tête porte des yeux relativement grands, des antennes qui leur servent pour toucher, et des bouches très variables. Il y en a qui ont des mâchoires ; d'autres qui ont, comme la mouche, une sorte de trompe (cette trompe peut être assez longue et souple comme celle du papillon, qui peut l'enrouler) ; certains, comme les moustiques et les poux, ont des bouches à l'aspect redoutables et qui ressemblent un peu aux aiguilles des seringues pour faire les piqûres.

Incitez l'enfant à observer le thorax des insectes. Combien de pattes ? Combien d'ailes ? Pour les pattes, pas de problème : tous les insectes rencontrés ont trois paires de pattes. Pour les ailes, c'est un peu plus compliqué. La mouche et ses cousins n'ont que deux ailes, mais beaucoup d'insectes en ont quatre. Quelquefois, c'est facile à observer, comme chez les abeilles, les papillons ou les libellules. Souvent, c'est assez compliqué, car la première paire d'ailes ne ressemble pas du tout à la deuxième. Celle-ci, très fine et transparente, se cache sous la première paire, dure et colorée. Et puis, il y a les coccinelles qui s'envolent en ouvrant comme une boîte leurs jolies ailes colorées et en déployant les autres (celles qui sont en dessous). Admirez les ailes des papillons avec leurs jolis dessins multicolores. Il existe aussi un insecte qui n'a pas d'ailes : la fourmi, mais elle a bien un corps en trois parties, comme tous les insectes.

La métamorphose

Les insectes pondent des œufs et, quand la maman insecte se met à pondre, elle en pond beaucoup à la fois puis les abandonne. Les petits qui sortent de l'œuf ne connaîtront jamais leur maman ; d'ailleurs, il n'est pas sûr qu'elle les reconnaîtrait, ils sont tout à fait différents de leur papa ou de leur maman à la naissance. Avant de devenir un bel insecte, le bébé doit subir des métamorphoses. C'est d'abord une sorte de petit ver, la larve, qui, au bout d'un certain temps, après avoir beaucoup mangé, se transforme en nymphe. Pendant cette dernière transformation, elle perd complètement son appétit, se recroqueville sur elle-même, s'entoure souvent d'une petite maison qu'elle se fabrique, et attend sa métamorphose. Au bout de quelques jours, tout est terminé et, de la petite maison (qui ressemble un peu à un tube fermé), sort un insecte parfait, comme ses parents.

Mais ne crois pas que la maman insecte ne se préoccupe pas de son bébé ! Elle est très prévoyante et pond toujours ses œufs dans un endroit où les petites larves auront, en abondance, tout ce qu'il faut pour manger. C'est ainsi que la mouche pond ses œufs de préférence sur du fromage ou de la viande ; les sauterelles et les hannetons les pondent dans la terre, où il y a de nombreuses racines, et les papillons sur les feuilles.

Les bons et les méchants

Dans l'ensemble, les insectes font des dégâts et, même tout petits, ils font peur à l'homme. Ils sont si nombreux ! Ils s'attaquent à l'homme et aux animaux quand ils se nomment puce, pou, punaise ou moustique. Ils sont capables de tuer une plante en suçant sa sève quand ils s'appellent pucerons. Pourtant, s'ils n'étaient pas là, que mangeraient les oiseaux, les lézards et les grenouilles ? Sans oublier que les mammifères insectivores comme les chauves-souris, les hérissons, les taupes en font une consommation importante !

L'homme s'en sert aussi. Le pêcheur est bien content de trouver des asticots pour ses hameçons. Mieux, l'homme a même trouvé le moyen de faire travailler les abeilles pour lui. Sais-tu que chaque fois que tu manges du pain d'épices ou une tartine de miel, c'est au travail des petites abeilles que tu le dois ?

Marie-Antoinette chez les abeilles

Les abeilles ne sont pas agressives et elles ne te piqueront pas, sauf si tu leur fais peur. En revanche, il faut te méfier de leurs cousins, les frelons ou les guêpes. Tu les reconnais facilement, ils sont plus grands et plus colorés que l'abeille et leurs piqûres peuvent être dangereuses. Aussi, si l'un ou l'autre s'approche de toi, essaie de ne pas faire de gestes brusques. Si tu ne leur fais pas peur, ils repartiront. Ne mords jamais dans une pomme ou une prune en été, sans avoir regardé si une guêpe n'est pas déjà en train de la déguster ! Aussi gourmande que toi, elle n'aimerait pas partager son festin !

Pour obtenir du miel, les hommes mettent une ruche à la disposition d'une colonie d'abeilles : une reine et son peuple. La reine a une particularité : elle est la maman de toutes les abeilles qui vivent avec elle. Elle ne quitte jamais son palais et les hommes ne peuvent jamais la voir. Elle est plus grosse et plus grande que tous ses enfants. Dès qu'on lui donne son palais, les abeilles maçonnes se mettent au travail. Elles commencent par boucher toutes les fentes de leur demeure pour qu'il n'y ait pas de courant d'air, puis elles construisent des petites chambres (les alvéoles) avec de la cire produite par des glandes à cire qu'elles ont sur leur abdomen. Avec leurs pattes de derrière, elles grattent ces glandes qui se mettent en marche, ensuite elles prennent la cire avec leurs pattes de devant, la portent à leur bouche et la mâchent longuement, comme tu le ferais avec un chewing-gum. Elles l'étirent ensuite, fabriquent une plaque qu'elles appliquent contre le couvercle de la ruche, puis y creusent des petites alvéoles, toutes identiques avec six côtés. Pendant un certain temps, toute la colonie des ouvrières prépare des plaques et les alvéoles. La reine pond ensuite un œuf dans chaque alvéole vide qui devient un berceau. Les abeilles maçonnes fabriquent aussi d'autres alvéoles pour y stocker des réserves de nourriture pour l'hiver.

Les butineuses infatigables

Pendant ce temps, d'autres abeilles ouvrières, les butineuses, s'envolent de la ruche pour ramasser la nourriture pour la colonie. Certaines ont les pattes munies de brosses et ramassent le pollen des fleurs. Elles sont facilement reconnaissables parce qu'elles ont à leurs pattes arrière comme une petite corbeille dans laquelle repose, en fin de travail, une grosse boule jaune : le pollen. D'autres ont l'air très affairées : elles n'arrêtent pas de lécher le fond des fleurs. Elles remplissent un petit réservoir qui se trouve avant leur estomac – le jabot – avec un liquide sucré qui s'appelle le nectar. C'est avec celui-ci, mélangé au pollen, qu'elles fabriquent le miel. Quand leur jabot est bien rempli, vite, vite, elles retournent à la ruche et le déversent dans une alvéole-réserve. Quand l'alvéole est rempli de miel, l'abeille y dépose une goutte de son venin pour l'empêcher de moisir et une maçonne vient fabriquer un couvercle de cire pour le fermer.

Elle se tricote une maison

Mais tous ces œufs pondus par la reine, qui s'en occupe ? Ce sont d'autres abeilles ouvrières : les nourrices. Elles surveillent les œufs et, dès qu'ils sont éclos, environ trois jours après la ponte, et que les petites larves en sont sorties, elles préparent une bouillie faite avec de l'eau, du miel et du pollen, et en gavent les petites larves qui sont horriblement voraces. Au bout d'un certain temps, la petite larve commence à filer une coque soyeuse autour d'elle, comme si elle se tricotait une petite maison, puis elle devient une nymphe.

Les maçonnes viennent alors fermer l'alvéole avec de la cire et la petite nymphe se transforme en abeille. Les nourrices rouvrent l'alvéole, brossent la petite abeille, lui donnent à manger et, presque le même jour, elle est capable de prendre part à la vie de la ruche. Elle se met à récolter avec les autres. Cela va durer deux, trois mois. Mais voilà, le soleil, le vent, la pluie, les mauvaises rencontres vont user ses ailes, et elle a de plus en plus de difficultés pour revenir à la ruche chargée de pollen ou de nectar. Un jour, elle ne sort plus, mais son activité ne s'arrête pas là.

Aux armes, citoyennes !

De butineuse, elle va devenir soldat (gardienne de la ruche) : elle défend l'entrée de la ruche avec son dard. Il y a beaucoup d'ennemis qui en veulent aux réserves de miel : frelons et guêpes, trop paresseux pour travailler, et les gros gourmands, blaireaux et ours, qui n'hésitent pas à renverser la ruche pour manger le miel.

En hiver, la reine arrête de pondre et, comme il n'y a plus de fleurs, les butineuses ne sortent plus. Les abeilles se serrent l'une contre l'autre pour se tenir chaud. Pour se nourrir, elles mangent toutes les conserves de miel et de pollen faites pendant la bonne saison. Elles attendent l'éclosion de la première fleur du printemps. Et puis, tout recommence.

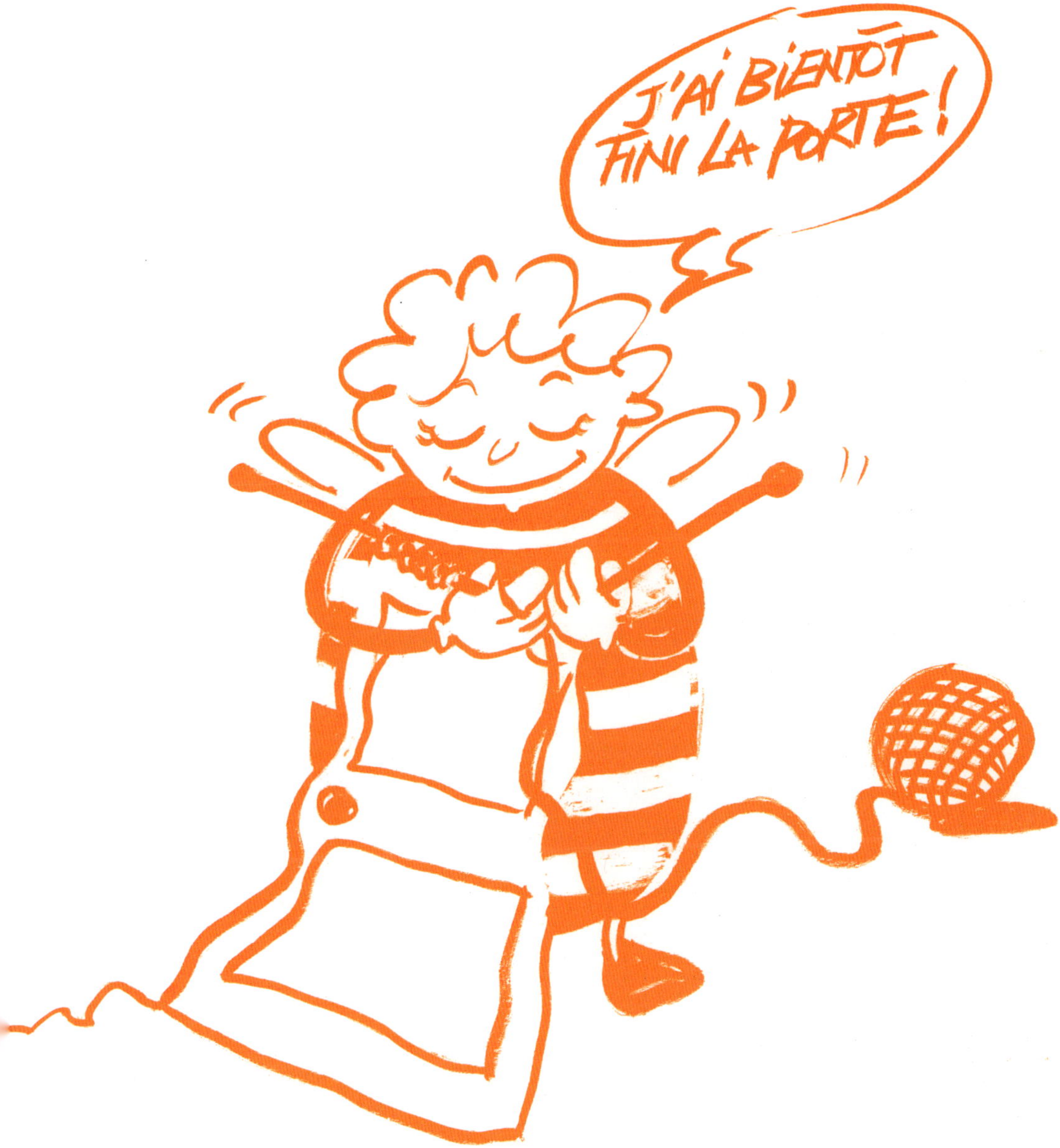

Mais, au fait, où est le papa ?

La reine a besoin d'un mari pour pouvoir faire des bébés. Aussi, parmi les œufs qu'elle pond, il y en a quelques-uns qui vont donner des mâles : les faux-bourdons. Ils ne possèdent pas de dard. Ils ont de gros yeux et un gros abdomen. Un seul se mariera avec la reine. Les autres ne font rien, ils se promènent et mangent. Aussi, les autres abeilles ne les aiment pas trop. S'ils sont encore en vie à l'entrée de la mauvaise saison, elles les tuent.

Quelquefois, la ruche devient trop petite. Alors, la sage reine décide de partir avec quelques abeilles. Pour la remplacer, les nourrices choisissent le plus bel œuf et les maçonnes lui préparent un berceau royal. L'abeille qui en sortira deviendra la nouvelle reine. La vieille reine, sa maman, laisse la ruche à sa fille et part avec quelques abeilles, un essaim, pour se chercher un autre territoire. Quand elles l'ont trouvé, elles se fixent à une branche, et cela fait comme une grosse grappe d'abeilles.

L'apiculteur, qui connaît ses abeilles, sait depuis quelques jours qu'il se prépare un grand événement dans la ruche à cause de l'agitation frénétique de toutes les abeilles. Il prend un grand sac, recueille cette grappe d'abeilles et va vite la porter dans une nouvelle ruche qu'il a préparée.

À l'entrée de l'hiver, avec beaucoup de précautions pour ne pas se faire piquer par les sentinelles, l'apiculteur va prendre dans la ruche une grande partie des provisions que les abeilles avaient faites pour l'hiver. Il récupère le miel et le remplace par un sirop sucré. C'est moins bon, mais les abeilles s'en contentent et recommencent à travailler pour lui, pas du tout rancunières.

Petit rappel

Un insecte a le corps en trois parties :
• La tête : portant les yeux, une paire d'antennes et la bouche ;
• Le thorax : portant deux, quatre ou pas d'ailes du tout et six pattes articulées ;
• L'abdomen : fait d'anneaux, portant les stigmates par lesquelles elle respire et quelquefois un dard.

- Parmi les insectes rencontrés, tous avaient trois paires de pattes.
Lesquels avaient une seule paire d'ailes (la mouche),
deux paires (la coccinelle, l'abeille) et pas du tout d'ailes (la fourmi) ?
- Quels insectes sont utiles pour l'homme ?
(L'abeille qui fait du miel, la coccinelle qui mange des pucerons.)
Lesquels sont nuisibles ? (Les mouches, qui se posent partout, les moustiques, qui nous empêchent de dormir, les pucerons, qui détruisent les fleurs du jardin, les papillons, qui pondent leurs œufs sur les fruits et dont les larves en se développant mangent les fruits qui deviennent véreux, la guêpe, cousine de l'abeille mais qui a un dard dangereux.)
- Quels sont les ennemis des insectes ? (oiseaux, taupes, serpents…)
- Comment s'appelle la maison de l'abeille ?
- Connais-tu les noms des abeilles qui habitent la ruche ?
(Reine, faux-bourdons, ouvrières.)
- Que fait la reine quand il y a trop d'abeilles dans la ruche ?
(Elle forme un essaim et s'en va.)
- Combien de maris la reine a-t-elle ?
- Avec quoi les abeilles fabriquent-elles le miel ?
(Le pollen des fleurs et le nectar.)
- Comment fait une coccinelle pour s'envoler ?

L'araignée fait bande à part

« Viens voir le drôle d'animal que j'ai trouvé. C'est un insecte, c'est une araignée ; maman, elle en a peur, il ne faut pas les approcher. » Non, non, celle-ci, tu peux venir, elle restera sur sa toile si on ne la touche pas.

L'araignée n'est pas un insecte

Est-ce qu'il ne manque pas quelque chose à cette araignée ? Est-ce que tu vois sa tête ? Son thorax ? Son abdomen ? C'est vrai, il lui manque le thorax. Alors, ce n'est pas un vrai insecte... Regarde un peu mieux, est-ce qu'il y a autre chose qui ne va pas ? Tout seul, l'enfant finit par constater qu'elle a deux pattes de plus que les autres insectes et qu'elle n'a pas d'ailes. L'araignée n'est pas un insecte. Bravo, tu viens de découvrir ce que beaucoup de grandes personnes ignorent ! Tu as trouvé tout seul ce qui la différencie des insectes : son corps n'a que deux parties, sa tête et son thorax sont réunis, et elle a quatre paires de pattes. Mais, comme chez l'insecte, on trouve les yeux, la bouche, les antennes. Ses antennes ressemblent plus à des petites pattes ; d'ailleurs, on dit que ce sont des pattes-mâchoires, parce qu'elles lui servent à porter sa nourriture à sa bouche. Devant sa bouche, elle a deux espèces de trompes, ou crochets. Quand l'araignée attrape une proie, elle enfonce ses crochets dans l'animal et lui injecte du venin pour le tuer. Ensuite, elle suce son sang, mais elle ne mange pas sa proie, elle la vide seulement.

Regarde l'abdomen, il est comme celui des insectes. C'est pour cela qu'on pense souvent que l'araignée est un insecte. Sur son abdomen, il y a les mêmes ouvertures respiratoires, les stigmates. En plus, souviens-toi de l'abeille qui avait des glandes à cire pour construire les alvéoles. L'araignée, elle, possède des glandes à soie. Avec ses pattes arrière, elle étire ce liquide un peu visqueux que ses glandes sécrètent, et qui se solidifie à l'air, ce qui lui permet de construire ces belles toiles.

Sa toile, un piège mortel

Mais alors, à quoi lui sert de construire une toile ? C'est son filet de pêche : toutes les mouches ou autres insectes dont elle se nourrit se font prendre au piège quand ils la rencontrent sur leur passage. Une fois qu'ils sont attrapés, l'araignée, qui attend au centre de sa toile avec la tête en bas, accourt pour les tuer. Quelquefois, elle ne se met pas au centre de sa toile : elle se cache dans un coin, sous une feuille, mais, dès que quelque chose touche la toile, elle est alertée car elle avait tissé un fil entre sa toile et ses pattes. Elle se précipite sur le captif, secrète un fil qu'elle fixe à l'insecte et, avec ses pattes de devant, elle le fait tourner, l'enroulant comme dans un cocon pour l'immobiliser. Ensuite, elle le tue en lui injectant son venin et, soit elle le transporte dans une cachette et le garde en réserve si elle n'a pas faim, soit elle le mange tout de suite.

L'araignée mange une grande quantité de mouches et de moucherons ; elle est donc très utile, même si les ménagères ne l'aiment pas parce que ses toiles ne font pas propre dans une maison. Elles ont tort de la pourchasser aussi impitoyablement, et surtout de la craindre.

La mygale, une tueuse des tropiques

Les araignées que nous avons en Europe ne sont absolument pas dangereuses. Il existe cependant une grande araignée toute velue qui habite dans les régions tropicales : la mygale. Elle habite dans un terrier, et quand une proie passe à sa portée, elle se jette sur elle et la pique mortellement.

Petit rappel

L'araignée a un corps en deux parties :
- Ses quatre paires de pattes sont terminées par des griffes ;
- Son abdomen porte des glandes qui fabriquent les fils dont elle tisse sa toile.

Amusez-vous avec l'enfant

- Si, un jour, tu rencontres une toile mais que tu ne vois pas l'araignée, dis-toi qu'elle n'est pas loin. Pour la faire venir, il suffit de prendre un brin d'herbe, de toucher un peu la toile et hop ! voilà notre araignée qui arrive à toute vitesse, prête à tuer sa proie. Mais il n'y a pas de proie, c'est elle qui s'est fait... attraper !
- Observez une araignée qui tisse sa toile.
- Puisque l'araignée est utile, pourquoi la tue-t-on dans les appartements ?
- Essayez de faire tomber une araignée de sa toile. Regardez comment elle se fabrique un fil pour ne pas s'écraser au sol.
- Combien de parties vois-tu sur le corps de l'araignée ?
- Combien a-t-elle de paires de pattes ? Par quoi sont-elles terminées ?

Les végétaux

Dès le mois d'avril, vous pouvez, lors de vos promenades, intéresser l'enfant à la botanique. L'idéal, c'est de faire une petite escapade à la campagne, où il vous sera facile de cueillir des plantes. En même temps, comme dans les forêts et au bord des chemins, il y a une profusion de fleurs, l'enfant sera très heureux de ramener un grand bouquet à ses parents. Dans un parc, herboriser devient plus aléatoire, et pas question de faire un bouquet !

La fleur, reine du monde végétal

Les habits de la fleur

Vous voilà donc à la campagne ! Commencez par cueillir quelques fleurs. Très vite, vous aurez un bouquet conséquent : fleurs de toutes formes, de toutes couleurs, tiges avec une seule fleur, d'autres avec plusieurs…
Faites l'inventaire de votre trésor. Combien de fleurs de la même couleur ? De la même forme ? Et celle-ci, est-ce aussi une fleur ? Pas encore, elle n'est pas encore ouverte. De quelle couleur est-elle ? Elle est verte. Tu crois vraiment ? Délicatement, faites-lui ouvrir le calice et là, surprise ! la fleur est jaune en dessous ! Le calice est formé de cinq petites feuilles vertes réunies entre elles. Chacune de ces feuilles vertes peut être séparée des autres : ce sont les sépales. Le calice tient la corolle, qui est formée de pétales. C'est la partie colorée de la fleur. Le calice protège la petite fleur contre la pluie et le vent, exactement comme un bon imperméable, et les pétales sont ses jolis habits.
Si vous trouvez des boutons d'or, demandez à l'enfant de compter le nombre de pétales de la fleur. Arrachez-les l'un après l'autre. On en compte cinq. Essayez sur plusieurs autres et toujours cinq pétales. Évidemment, on voit plus souvent une fleur habillée. En ôtant les pétales, c'est un peu comme si

on avait déshabillé la fleur. Est-ce que je peux encore en déshabiller une autre ? Une rouge, est-ce que c'est pareil ? Puis, proposez-lui de voir si la primevère a aussi cinq pétales. Il essaiera d'en arracher un, mais toute la corolle viendra. L'enfant, un peu surpris, recommencera. Là, vous pourrez lui montrer qu'il y a des différences autres que la couleur. Il y a des fleurs qui ont une corolle d'une seule pièce, d'autres des corolles à pétales séparés.

Et la pâquerette ? Courageux, il compte : 1, 2, 3..., 12, 13, beaucoup. Pourquoi y en a-t-il autant ? Il y en a combien ? Si vous ne connaissez pas la réponse à cette question, pour vous rattraper, montrez-lui ce petit jeu, chaque fois qu'on arrache un pétale, on dit : « Je t'aime, un peu, beaucoup, passionnément, à la folie, pas du tout. Je t'aime... » Arrangez-vous pour terminer sur « passionnément » ou « beaucoup ».

Mais voilà que les fleurs du bouquet commencent à se faner. Expliquez-lui que, sans ses racines, une fleur coupée ne peut survivre longtemps sans eau. Aussi, enveloppons les tiges dans du papier mouillé.

Ainsi se font les petites fleurs

Proposez à l'enfant d'ôter délicatement les pétales d'une fleur particulièrement fanée. Demandez-lui alors ce qui reste. Il dira peut-être qu'il y a « une autre fleur ». Elle est très bizarre : où sont les pétales ? Regarde, il y a comme une couronne de petits filaments terminés par des petites boules jaunes. Tu as raison, cela ressemble à une fleur, mais touche les petites boules, écrase-les entre tes doigts : ils sont tout tachés de jaune. Cette petite couronne s'appelle les étamines et ce qui tache tes doigts, c'est le pollen dont les étamines sont couvertes.

La fleur a besoin du pollen, comme ta maman a besoin de ton papa, pour faire des bébés. Le pollen est donc une des parties les plus importantes de la fleur. Comment remplit-il sa mission ? C'est simple. Regarde bien : dans le fond du calice, on voit qu'il y a un petit renflement. C'est dans ce renflement que doit tomber un peu de pollen pour qu'y poussent les petites graines. Elles vont s'y développer comme le bébé, qui grandit d'abord dans le ventre de ta maman. On pourra ainsi faire comprendre à l'enfant que la fonction principale de la fleur est de préparer la formation des graines et des fruits. Demandez à l'enfant d'enlever délicatement les étamines. Que trouve-t-on au milieu ? Une petite tige vert pâle : le pistil. C'est sur lui que tombent les grains de pollen quand les étamines s'ouvrent. Le pistil est un peu comme un entonnoir qui amène le pollen dans un petit sac : l'ovaire. On le voit très bien au fond du calice, il contient d'autres petites graines : les ovules. Quand le pollen a rencontré les ovules, le fruit commence à pousser.

Et qui fait tomber le pollen au cœur de la fleur ? Laissez l'enfant deviner. Lui, par exemple quand il passe et qu'avec son pied il touche une fleur, ou le vent qui secoue les petites clochettes, ou encore l'abeille qui vient ramasser le pollen, qui ne fait pas attention et en laisse tomber à côté.

Et maintenant il faut mûrir

Mamie, regarde, j'ai trouvé une fleur qui a un très gros calice ! Je peux regarder la couleur de ses pétales ? Je l'aide à ouvrir ce qu'il a pris pour le calice et il est très déçu. À l'intérieur, pas de pétales, mais des graines. Eh oui ! Sans le faire exprès, il vient de trouver les fruits de la fleur. Car, une fois que les petites graines ont reçu du pollen, elles se mettent à grossir, à mûrir pour faire un fruit. Quand la fleur meurt, les petites graines finissent de mûrir, puis tombent sur le sol. Au printemps prochain, une autre petite fleur va sortir d'une graine et remplacer celle de cette année, et tout va recommencer. C'est pour cela qu'on a des fleurs nouvelles tous les ans. Presque toutes les plantes font la même chose : d'abord des fleurs, puis des graines toutes simples, ou alors des graines à l'intérieur d'un fruit.

Privés de fleurs

Il vous arrivera de rencontrer des plantes qui n'ont pas de fleurs. Ce sont les champignons, les fougères et les mousses. Privées de fleurs, ces plantes ne font donc pas de graines. Comment font-elles, alors, pour se reproduire ? Regardez-les de plus près : vous allez découvrir une sorte de poussière qui ressemble au pollen. Cette poussière, qu'on appelle spores, ressemble à une petite graine toute prête, qui peut germer tout de suite, si elle est dans des conditions favorables, et donner une nouvelle plante.

Petit rappel

• Dans chaque fleur, il y a une jolie partie, la partie extérieure. Elle enveloppe la partie principale de la fleur et est composée des sépales (qui forment le calice, souvent de couleur verte) et des pétales (la corolle).
• La partie principale de la fleur est composée des étamines, du pistil et de l'ovaire. Le pistil est une sorte d'entonnoir qui ramène le pollen des étamines dans l'ovaire.
• Une fois que le pollen est tombé dans l'ovaire, les sépales et les pétales n'ont plus d'utilité et la fleur se fane, mais, dans l'ovaire, commencent à se développer les ovules, qui deviendront les graines ou les pépins.

- Demandez à l'enfant de compter les pétales de différentes fleurs ;
faites-lui décrire leurs formes (clochettes, collerettes, soleils, étoiles…), leurs couleurs.
- Essayez à chaque fois de repérer les différentes parties de la fleur.
(Calice et sépales, corolle et pétales, étamines et pollen, pistil et ovaire.)
- Est-ce qu'il y a des plantes sans fleur ? (Fougères, mousses, champignons.)
- Où et quand le fruit commence-t-il à se former ? (Le pollen guidé par le pistil est tombé dans l'ovaire.)
- Les fleurs ont-elles un parfum ? Est-ce le même pour toutes les fleurs ?

La grande aventure de la graine

Que deviennent les petites graines, lorsqu'elles sont mûres et quittent la fleur ? Certaines sont mangées par les insectes ou les oiseaux. D'autres sont emportées par le vent et déposées dans un endroit où elles ne trouvent pas un terrain favorable et meurent. Et puis, il y a celles qui tombent sur un sol où elles trouvent suffisamment de chaleur et d'humidité et qui se mettent alors à germer, c'est-à-dire à se développer pour devenir une plante semblable à celle qui leur a donné naissance.

Jeu de cache-cache

Quelquefois, les fleurs font un seul fruit avec une seule graine (noisette, noix, marron, châtaigne) ; d'autres fois, plusieurs graines sont enfermées au cœur du fruit (pomme, poire, orange) ; ou bien, encore, les petites graines se regroupent sur la partie extérieure du fruit (framboise, mûre, fraise).

Une coquille pour se protéger

En général, quand les petites graines veulent être indépendantes, et ne pas être enfermées dans un fruit, elles s'entourent d'une solide coquille pour se protéger. D'abord une enveloppe extérieure, souvent verte, qui est une première protection, puis la deuxième enveloppe, très solide, la coquille. Là, vous pouvez montrer à l'enfant les noisettes, les noix, les châtaignes et les marrons.

À l'intérieur de la coquille, la graine emporte avec elle assez de nourriture pour permettre à son germe de se développer ;

puis, comme un poussin, elle casse sa maison quand le germe est devenu assez fort pour chercher lui-même sa nourriture dans le sol et devenir à son tour une vraie plante. Les petits pois et les haricots s'enferment eux aussi dans une maison : c'est la cosse. Ils y restent en famille pour mûrir ensemble. Quand les germes ont assez grandi, ils ouvrent toute grande leur maison, qui s'est bien desséchée sous le soleil, et se laissent tomber à terre.

Des pépins et des noyaux

Certains fruits, comme les pommes ou les oranges, s'entourent d'une bonne couche de protection et enferment leurs graines tout au cœur du fruit. Montrez à l'enfant les pépins, isolés ou en famille. Il y a aussi les solitaires qui veulent un fruit pour eux tout seuls : cerise, prune, abricot. Il y a enfin les pressés, ceux qui veulent mûrir vite, comme les framboises, les fraises ou les groseilles. Montrez-lui une pomme, une poire. Faites-lui deviner à quoi correspondent les petits filaments qui sont au sommet, à l'opposé de la tige qui accrochait le fruit à l'arbre. Ce sont les parties de la fleur (sépales et pistil) qui sont restées accrochées au calice après la fécondation, et qui l'ont accompagné pendant tout le temps de sa maturation.

Celles qu'on mange et les autres

L'enfant peut maintenant comprendre que certaines graines peuvent se manger, parce que leur enveloppe n'est pas très solide (framboises), alors que pour d'autres, on ne consomme que le fruit qui entoure les graines (pomme, poire) ; d'autres encore se méritent : il faut extraire la graine de son enveloppe pour la manger ou la transformer en huile (noix). Pour le blé, il faut d'abord séparer le contenu de la graine de son enveloppe avant d'en faire de la farine.
Et puis, il y a encore une manière de manger les graines : on les fait germer et, quand le germe est bien sorti, on le consomme. Le meilleur moyen de faire comprendre cela à l'enfant, c'est de l'emmener manger dans un restaurant chinois et de lui offrir un plat à base de germes de soja.
Mais attention, tous les germes ne sont pas consommables. Il ne faut, par exemple, jamais consommer de germes de pommes de terre, ni les donner à manger aux animaux, car cela les empoisonnerait.

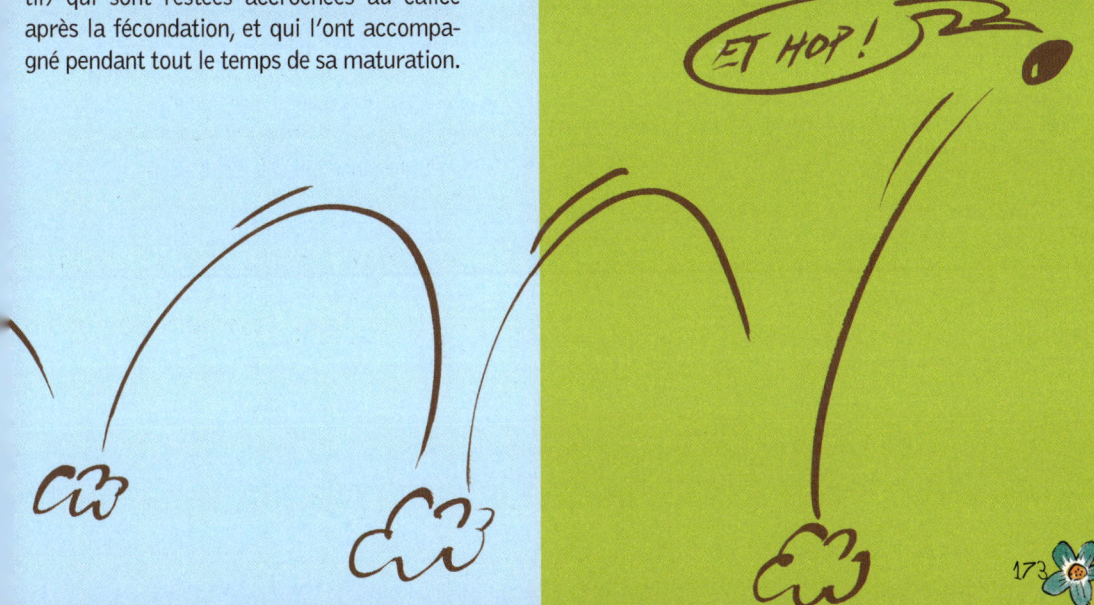

Semez à tout vent

À vous, maintenant, à la belle saison, d'aller à la découverte de certaines graines répandues dans la nature… et d'aider le vent à les disperser. Certaines d'entre elles ont de très jolies formes, qui leur permettent de se déplacer parce qu'elles ont de petites ailes, comme les graines de tilleul, qui volent tels de petits hélicoptères. Et ce sera avec le plus grand plaisir que l'enfant soufflera les « chandelles » du pissenlit, qui portent un très grand nombre de graines. Au printemps ou au début de l'été, on voit quelquefois flotter dans les airs des petites boules semblables à du coton : ce sont les graines du peuplier. Les oiseaux se les approprient souvent pour améliorer leurs nids et les rendre plus douillets.

Elles s'accrochent pour voyager

Un jour où l'enfant traverse une prairie et qu'à ses vêtements se trouvent accrochées des graines de graminées, expliquez-lui que, heureusement, toutes les graines ne tombent pas au pied de la plante ; sinon, elles s'étoufferaient et n'auraient pas assez de terre pour survivre. La nature, prévoyante, a même entouré certaines graines de petits crochets de telle sorte que si un animal ou un petit enfant passe à leur portée, elles s'accrochent à la fourrure, aux pieds ou aux vêtements, et c'est ainsi qu'elles voyagent et trouvent un nouveau territoire pour s'implanter. C'est pourquoi on trouve des plantes très différentes sur un même périmètre.

Petit rappel

- Chaque graine est un petit sac qui contient un germe et une petite réserve de nourriture pour permettre à la future plante de démarrer sa croissance.
- Les graines se trouvent dans l'ovaire. Une fois fécondées, elles grandissent, grossissent et mûrissent. À partir de là, elles se diversifient : certaines s'enferment dans une coquille, d'autres dans un fruit, d'autres encore restent indépendantes et quittent quelquefois l'endroit où elles sont nées.
- Si trois conditions (air, chaleur modérée et sol fertile) sont réunies, elles se mettent à germer et deviennent à leur tour une plante. Si elles ne se font pas manger avant…

- Peux-tu me dire ce qu'on trouve dans l'enveloppe de la graine ?
- Est-ce que les plantes peuvent germer en hiver ?
- Connais-tu des graines avec lesquelles on fabrique de l'huile ? (Noix, colza...)
De la farine ? (Blé, seigle...)
D'autres qu'on mange ? (Maïs, riz...)
- Les animaux aussi mangent des graines ; peux-tu m'en citer quelques-unes ? (Blé, avoine...)
- Les graines peuvent donner des fruits ; lesquels ?
(Pomme, poire, abricot, fraise, framboise...)
- Peuvent-elles aussi donner des plantes ? (Fleurs, herbes, arbres.)

Les racines nourricières

Prenez une des premières plantes qu'on rencontre partout au printemps : la primevère. Déterrez complètement un pied de primevère et enlevez la terre avec beaucoup de précautions pour voir la plante entièrement. Que découvrez-vous ? À la base de la plante, il y a des parties allongées semblables à des tentacules. On les appelle les racines. Elles étaient complètement sous la terre.

Des pompes à eau

Maintenant, l'enfant va peut-être vous demander à quoi sert la racine. Vous pourrez lui expliquer que la plante a besoin de ses racines pour puiser de l'eau et des sels minéraux dans la terre. Elle pompe l'eau dans la terre au moyen de minuscules petits poils qui sont situés près de l'extrémité des racines. Si on prive une plante d'eau, elle ne peut pas vivre longtemps, car c'est surtout par ses racines qu'elle absorbe de l'eau. Quelquefois, la racine stocke aussi des réserves de nourriture.

Une vraie crinière

Faites une petite expérience. Montrez à l'enfant comment on fait germer un haricot ou des lentilles sur un morceau de coton humide. Au bout de quelques jours, vous verrez un petit cordon blanc sortir de la graine : le pivot. Il se recourbe et se dirige de manière à s'enfoncer dans le coton. C'est la racine de la plante. Elle va grossir, grandir et, sur ses côtés, on va voir d'autres petites racines pousser : ce sont les radicelles. Puis, sur les radicelles, il y aura encore d'autres radicelles, et cela finira par ressembler à des cheveux ébouriffés, tellement elles vont être emmêlées. Les jardiniers les appellent le chevelu. Tout au bout des radicelles les plus fines, nous retrouvons des petits poils qui absorbent l'eau : les poils absorbants.
L'enfant vous demandera peut-être pourquoi certaines racines comme la carotte n'ont pas beaucoup de radicelles, et d'autres

comme les fleurs ou l'herbe en ont beaucoup. Il comprendra facilement s'il a vu germer des graines. Certaines graines, quand elles germent, développent beaucoup leur pivot qui, étant très solide, descend profondément dans le sol et n'a ainsi pas besoin de beaucoup de radicelles pour pomper l'eau dans la terre. C'est le cas de la carotte, de la betterave, des radis ou du navet. En plus, ils y stockent beaucoup de réserves ; c'est pourquoi les hommes les recherchent pour leur nourriture. D'autres ne plongent pas leurs racines très profondément dans le sol et elles ont donc besoin de plus de radicelles pour capter l'eau.

Ancré dans la terre

Lors de vos promenades, au pied des chênes, montrez-lui des glands qui commencent à germer et qui ne se sont pas encore enracinés dans le sol : le futur arbre vit sur les réserves de sa graine avant de se nourrir par lui-même en puisant dans le sol l'eau et les minéraux. L'enfant trouvera d'autres glands dont le germe s'est déjà enraciné, puis d'autres à un stade plus avancé encore, où le gland est entièrement vidé de sa substance et la petite graine commence à vivre sa vie de petit chêne. La première année, si vous en arrachez un, vous pouvez aussi montrer à l'enfant les radicelles et les poils absorbants sur les jeunes racines. Quelle que soit la plante qui vous intéresse, le schéma est toujours le même. Mais il y a différentes sortes de racines. L'enfant pourra sans peine arracher un tout jeune arbrisseau, mais un ou deux ans après, nenni. Le petit cordon blanc qui était sorti de la graine s'est beaucoup développé, les radicelles un peu moins, mais, malgré tout, assez pour tenir l'arbrisseau solidement ancré dans la terre. Bien sûr, ne lui en faites pas arracher dix ! C'est amusant et intéressant une fois, lorsqu'il y a plein de petits chênes qui poussent au même endroit. Mais ce n'est pas pour autant une raison pour participer à la déforestation…

Lors de vos promenades, faites remarquer à l'enfant que la tempête a arraché tel pin ou sapin, alors que le chêne, l'orme, le hêtre, qui poussent à côté n'ont pas été renversés. Demandez-lui pourquoi. C'est que pin et sapin ont des racines avec un tout petit pivot, alors que les autres en ont un qui descend bien plus profondément dans la terre.

Les astuces des radicelles

En général, les radicelles, sous terre, s'étalent bien plus loin que les plus grandes branches des arbres. Sais-tu pourquoi ? Tu te souviens que les radicelles portent des poils absorbants qui pompent l'eau dans la terre. Imagine maintenant qu'il pleuve ; tu es dans la forêt, tu n'as pas d'imperméable ; où peux-tu te mettre à l'abri de la pluie ? Oui, bien sûr, sous la couronne de feuilles. Elle est tellement épaisse que la pluie ne la traverse pas, c'est un vrai toit. Mais, si la pluie ne traverse pas, le sol ne va pas être mouillé sous l'arbre ? Comment fait-il pour boire ? Eh oui, il va étendre un peu plus loin ses radicelles ; comme cela, il aura de l'eau.

Faites-lui deviner, au pied de l'arbre, sur le sol, jusqu'où s'étendent les racines de l'arbre. Toujours plus loin que les plus grandes branches. Vous pouvez vous amuser, avec des feuilles, des marrons ou des pommes de pin, à délimiter approximativement jusqu'où peuvent aller les racines des arbres.

L'enfant comprendra ainsi que plus un arbre est grand, plus il lui faut de la place pour pouvoir vivre. Dans une forêt, les grands arbres sont nettement plus éloignés les uns des autres que les petits. En grandissant, un certain nombre de petits arbres vont disparaître pour laisser la place aux plus gros.

petit rappel

- Les racines fixent la plante au sol, elles absorbent l'eau et la nourriture nécessaires à la plante et la conduisent à la tige.
- Elles ont des formes variées : simple pivot ou multiples radicelles, qui forment le chevelu.
- Certaines racines se retrouvent sur notre table, en légumes ou en salades : radis, carottes, navets.

- Pourquoi la racine sert-elle à nourrir la plante ?
- Pourquoi est-il parfois difficile d'arracher une plante avec la main ?
- Pourquoi faut-il arroser les plantes ?
- Connais-tu des racines qu'on peut manger ? (Carotte, navet, betterave...)
- Sais-tu qu'il y a des racines tellement sucrées qu'elles permettent de fabriquer du sucre ? (Betterave sucrière.)
- Profitez de la présence de l'enfant pour rempoter vos fleurs, il pourra se rendre compte de l'importance du chevelu.
- Faites germer un marron en l'installant sur une planchette en liège qui flotte dans un pot à confiture rempli d'eau. La racine (le pivot) va s'enfoncer dans l'eau, à défaut de sol, et, au bout de quelques jours, vous assisterez à la naissance des poils absorbants.
- Il existe aussi dans le commerce des vases spéciaux pour faire fleurir des bulbes de jacinthes. L'enfant suivra d'autant plus volontiers l'évolution de la fleur que vous lui aurez présenté l'expérience comme devant être une surprise pour sa maman : c'est lui qui aura fait pousser une jacinthe pour elle.

La tige végétale

Au-dessus des racines, il y a des parties allongées qui se dressent vers le ciel. On les appelle les tiges. Elles servent à porter les feuilles et les fleurs ou les fruits. Elles sont le trait d'union entre les racines et les feuilles. C'est par la tige que le liquide absorbé par les racines est transporté jusqu'aux feuilles et aux fleurs.

Une tulipe bicolore

Pour bien faire comprendre à l'enfant le rôle de la tige qui véhicule l'eau et les substances nourrissantes des racines vers la fleur et les feuilles, trouvez une fleur avec une tige bien charnue (mieux, achetez une tulipe blanche), scindez la tige en deux dans le sens de la longueur et trempez chaque moitié de tige dans un récipient qui contient une eau teintée (par exemple, un peu de mercurochrome dans l'un et un peu de bleu de méthylène dans l'autre). Votre tulipe sera très vite bicolore.

Les costauds et les fantaisistes

Alors que les racines poussent toujours du haut vers le bas, la tige des plantes pousse en général du bas vers le haut.
Il y a des tiges très solides, c'est le cas de celles des arbres. Ces tiges sont appelées troncs. Comme ils sont costauds, ils font pousser des tiges supplémentaires qu'on nomme branches. Ce sont les branches qui portent les feuilles, les fleurs et les fruits des arbres.
Parmi les tiges faibles, il y a des fantaisistes :
- Celles qui grimpent en s'entortillant sur un support, comme le liseron, qui grimpe sur les arbres et sur les buissons avec ses jolies fleurs blanches ; les haricots, auxquels on donne des tuteurs ; ou le houblon, pour lequel on installe de grandes perches autour desquelles elles s'enroulent ;
- Celles qui s'accrochent avec des crampons, comme le lierre, qui garde ses feuilles en hiver, ou la vigne vierge, qui lance des petits rameaux en forme de tire-bouchons, terminés par des ventouses avec lesquelles elle s'accroche aux murs ;
- Et enfin les ronces qui, grâce à leurs épines, s'accrochent à tout ce qui se trouve à leur portée, même à nos bras et nos jambes si nous avons décidé de traverser leur territoire...
Vous pouvez montrer plus tard à l'enfant qu'il y a des tiges souterraines qu'il ne faut pas confondre avec des racines. Ce sont des tiges qui portent des tubercules, par exemple la pomme de terre.

Je plie ou je casse

Lors de vos promenades, répertoriez les différentes sortes de tiges et trouvez ce qu'elles ont de particulier. Les tiges d'une plante sont en général rondes ou plates. Pour s'en assurer, il suffit d'en couper quelques-unes. Mais attention, si les herbes se coupent facilement, un arbre ne se coupe pas avec un couteau. Il est beaucoup trop dur. Et pourquoi y a-t-il des tiges plus dures que d'autres ? Parce qu'elles contiennent plus de bois. Un brin d'herbe n'en contient pas, un roseau en contient un peu, un chêne beaucoup. Les tiges qui sont dures parce qu'elles contiennent du bois s'appellent tiges ligneuses et les tiges qui sont molles, comme les brins d'herbe, se nomment tiges herbacées. À vous, papis et mamies, de trouver des tiges herbacées et des tiges ligneuses.

Quand la tige saigne

Demandez à l'enfant de couper différentes tiges. Faites-lui passer le doigt sur la section. Sur un brin d'herbe, il ne sentira pas grand-chose mais, sur une tige plus charnue, il sentira que c'est mouillé. Mieux, trouvez une fleur de pissenlit ; il verra une goutte de liquide blanc pointer à la section. Il comprendra mieux ce qu'est la sève. Incolore chez la plupart des plantes, elle peut devenir colorée, comme chez le pissenlit ou la chélidoine, où elle est carrément orange !
Passez ensuite à des tiges plus ligneuses. Petites, il pourra les couper ou les casser. Faites-lui toucher la sève des pins ou sapins, c'est collant et, surtout, cela a une odeur bien particulière : c'est la résine.
La sève nourrit l'arbre (un peu comme le fait notre sang pour nous).

Quel est l'âge de l'arbre ?

Si vous avez de la chance, vous allez trouver un tronc d'arbre coupé et là, comme pour les coquilles d'huîtres qui ont grandi avec l'animal, vous pouvez expliquer à l'enfant comment l'arbre a grandi. Faites-lui compter les couches concentriques de la coupe, en partant du centre (le cœur de l'arbre) vers l'extérieur (l'écorce). On trouve l'âge de l'arbre simplement en comptant le nombre de couches de bois. L'arbre produit une couche par an : les couches sont larges les années de pluie, étroites les années de sécheresse.

Petit rappel

- Les tiges poussent généralement de bas en haut, à l'opposé des racines. Elles portent les branches, les feuilles, les fleurs et les fruits.
- Elles forment le trait d'union entre racines et fleurs, fruits et feuilles, à qui elles apportent la sève, liquide nourricier dont ils ont besoin pour grandir.
- Il y a des tiges faibles (herbacées) et des tiges dures (ligneuses).
- Il y a des tiges qui meurent tous les ans, d'autres qui peuvent vivre plus de cent ans (troncs d'arbres) Alors, chaque année, elles s'accroissent en largeur et en hauteur.

Amusez-vous avec l'enfant

- Ramassez un morceau d'écorce de chêne et montrez-lui qu'il flotte.
C'est parce que, dans l'épaisseur de l'écorce, il y a du liège. Et que fait-on avec le liège ? (Des bouchons, des plaques pour isoler les murs de l'humidité, des flotteurs pour apprendre à nager.)
- Les bouleaux pourrissants sont aussi très attractifs : l'intérieur de leur écorce ressemble à une feuille sur laquelle on peut écrire ou dessiner. Faites l'essai avec lui.
- Comparez les différentes « peaux » (écorces).
Rugueuses, lisses, bois jeune et bois âgé, écorces recouvertes de mousses ou fendillées...
- Regardez combien de grosses branches partent du tronc d'un arbre.
Comment se ramifient-elles ?
Est-ce qu'elles montent tout droit vers le ciel, ou bien partent-elles à l'horizontale ?
- Il y a des troncs très droits qui poussent très haut, on les coupe quand ils sont devenus très forts pour faire des planches qui serviront à faire les charpentes des maisons, des clôtures, des meubles, des planchers... Il y a encore un autre emploi : en râpant le bois de certains arbres, on fait une sorte de pâte et cela donnera du papier.

La feuille, une carte d'identité

Pour reconnaître les différentes espèces d'arbres, l'écorce est moins intéressante que les feuilles ou les fruits. Toutes les feuilles ne se ressemblent pas. Il y a des feuilles simples, qui n'ont qu'une seule lame, par exemple les feuilles de hêtre, de chêne, de cerisier. Et il y a celles qui sont composées de plusieurs petites feuilles, les folioles, comme la feuille de l'acacia, du robinier, du sorbier ou de la ronce.

À chacune sa place

Quand l'enfant saura à peu près reconnaître les différentes formes de feuilles, faites-lui remarquer leur implantation sur la branche ou sur la tige. Quelquefois, il y a une feuille d'un côté et, de l'autre côté, elle est à un niveau différent ; on dit que ce sont des feuilles alternes. L'endroit où la feuille est attachée s'appelle un nœud. Quand il y a une feuille de chaque côté du nœud, on dit qu'elles sont opposées. Il arrive aussi que, tout autour du nœud, il y ait une auréole de feuilles : on dit alors que les feuilles sont en couronne.

Découvrez les nervures

En regardant les feuilles de plus près, n'oubliez pas de faire découvrir à l'enfant leurs nervures. Elles diffèrent d'une espèce à l'autre. Le meilleur moyen de les voir, c'est de regarder et de toucher le dessous de la feuille, qui est moins brillant que son dessus. Les nervures sont des espèces de côtes vertes ; il y en a toujours une centrale sur laquelle viennent se « brancher » des côtes latérales. Par contre, chez les plantes qui ont des feuilles allongées ressemblant un peu à un ruban, par exemple les feuilles du poireau ou du blé, les nervures sont parallèles.

La feuille se nourrit de lumière

Pour vivre, la plante a aussi besoin de substances qu'elle prend dans l'air qui, avec l'eau qu'elle puise dans la terre, forme sa nourriture. Mais, pour cela, il faut que la feuille soit exposée à la lumière. Si l'un des deux éléments (eau ou lumière) manque, la plante meurt. Une plante mise à la cave ou au fond d'une armoire, même bien arrosée, ne peut pas vivre.

Le secret du framboisier

L'enfant apprendra à reconnaître les fraises des bois, les framboises et les mûres. Il saura bientôt faire la distinction, avant même l'apparition des fruits, entre les mûriers et les framboisiers. Comment ? C'est simple : le dessous des feuilles du framboisier sauvage est argenté, alors que celui de celles du mûrier est vert. Bien ! L'enfant pourra venir en récolter avec vous quand les fruits seront mûrs et en faire des confitures pour manger avec les crêpes. Vous avez du reste découvert les recettes dans la partie consacrée à la cuisine.

Petit rappel

- La feuille joue un rôle essentiel dans la vie de la plante. Elle permet de capter la lumière dont la plante a besoin pour pousser et survivre. Elle complète ainsi l'action de la sève.
- La forme de la feuille est spécifique à chaque plante.
- Les feuilles sont parcourues de nervures et de vaisseaux qui apportent la sève.

- Est-ce que toutes les feuilles ont la même couleur ? Et les feuilles mortes ?
- Pourquoi les feuilles meurent-elles ? (Parce qu'elles n'ont plus de sève. La sève est un peu comme le sang des plantes.) Quand meurent-elles ? (En hiver, quand il fait froid, ou l'été, si elles manquent d'eau quand il fait trop chaud.)
- Et qu'est ce qu'il se passe après ? (Elles tombent au sol, pourrissent, donnent une nouvelle terre, très nourrissante pour faire pousser de nouvelles plantes : le terreau.)
- Les sapins ou les pins, qui ont des feuilles plus dures, ne craignent pas le froid et gardent leurs feuilles tout l'hiver. Ils les renouvellent tous les 3 ou 4 ans. Comparez les « feuilles » des sapins et des pins : celles du pin sont plus longues et plus étroites que celles du sapin, et sont attachées deux par deux.
 On parle d'aiguilles pour ces feuilles, pourquoi ?
- Est-ce qu'il y a des feuilles qu'on mange ? (Épinard, salade, thym, menthe...)
- Est-ce qu'il y en a qu'on donne à manger aux animaux ? (Trèfle, luzerne...)

à mer
Mami

Achevé d'imprimer en août 2005
sur les presses de l'imprimerie Canale
Numéro d'édition : M05055
Photogravure : Penez Édition
Dépôt légal : septembre 2005
Imprimé en Italie